LOI DE 1844

SUR LA

POLICE DE LA CHASSE

LA LOI

SUR

LA CHASSE

EXPLIQUÉE

A L'AIDE DE LA JURISPRUDENCE

PAR

LE Bon DUFOUR

CONSEILLER A LA COUR IMPÉRIALE DE METZ
CHEVALIER DE LA LÉGION D'HONNEUR
AUTEUR DE L'AIDE-MÉMOIRE D'UN PRÉSIDENT D'ASSISES

In tenui labor.

DEUXIÈME ÉDITION

A PARIS, CHEZ M. DURAND, RUE DES GRÈS, 7

A METZ, CHEZ M. J. VERRONNAIS, IMPRIMEUR-LIBRAIRE, RUE DES JARDINS, 14

1863

Metz, Imp. J. Verronnais.

AVANT-PROPOS.

Ce commentaire abrégé, composé à l'aide de la jurisprudence, est divisé en trois parties. Dans la première, j'ai exposé les différents délits de chasse et les condamnations qui s'y rattachent ; la deuxième comprend ce qui a rapport à la constatation des délits ; enfin, dans la troisième partie qui est la plus considérable, j'ai traité de la poursuite et du jugement : c'est l'ordre dans lequel les faits se passent. J'ai donné tous mes soins au choix des arrêts et à la rédaction des notices.

On verra qu'à l'occasion de la chasse, je me suis laissé entraîner sur le terrain du code pénal et du code d'instruction criminelle : les codes ont aussi leurs séductions.

Après avoir composé l'*Aide-Mémoire d'un Président d'assises*, j'aurais voulu, dans mon ambition, composer l'*Aide-Mémoire du Juge correctionnel*. Je ne sais si je parviendrai jamais à terminer ce travail ; mais, en attendant, je me suis donné le plaisir d'insérer ici une partie de mes notes.

Je prie mes jeunes collègues de la magistrature de ne pas recourir à mon ouvrage uniquement en matière de chasse ; qu'ils essayent de le consulter, à l'occasion, pour les délits ordinaires. Ils reconnaîtront, j'ose l'espérer, que ce petit volume contient un assez grand nombre de renseignements, et que parfois, au milieu des difficultés de l'audience, il peut être d'un utile secours ; c'est un cadre qu'on pourra compléter au moyen d'annotations.

1

LOI

SUR

LA POLICE DE LA CHASSE

Des 3 - 4 Mai 1844 *.

SECTION PREMIÈRE.

DE L'EXERCICE DU DROIT DE CHASSE.

ART. 1er. Nul ne pourra chasser, sauf les exceptions ci-après, si la chasse n'est pas ouverte (n. 3), et s'il ne lui a pas été délivré un permis de chasse par l'autorité compétente (n. 2).

Nul n'aura la faculté de chasser sur la propriété d'autrui sans le consentement du propriétaire ou de ses ayants droit (n. 9).

ART. 2. Le propriétaire ou possesseur peut chasser ou faire chasser en tout temps, sans permis de chasse, dans ses possessions attenant à une habitation et entourées d'une clôture continue faisant obstacle à toute communication avec les héritages voisins (n. 2).

ART. 3. Les préfets détermineront, par des arrêtés publiés au moins dix jours à l'avance, l'époque de l'ouverture et celle de la clôture de la chasse dans chaque département (n. 3).

ART. 4. Dans chaque département, il est interdit de mettre en vente, de vendre, d'acheter, de transporter et de colporter du gibier pendant le temps où la chasse n'y est pas permise (n. 24).

En cas d'infraction à cette disposition, le gibier sera saisi et immédiatement livré à l'établissement de bienfaisance le plus voisin, en vertu soit d'une ordonnance du juge de paix, si la saisie a eu lieu au chef-lieu de canton, soit d'une autorisation du maire, si le juge de paix est absent, ou si la saisie a été faite dans une commune autre que celle du chef-lieu. Cette ordonnance ou cette autorisation sera délivrée sur la requête des agents ou gardes qui auront opéré la saisie, et sur la présentation du procès-verbal régulièrement dressé (n. 48).

La recherche du gibier ne pourra être faite à domicile que chez les aubergistes, chez les marchands de comestibles et dans les lieux ouverts au public (n. 49).

Il est interdit de prendre ou de détruire, sur le terrain d'autrui, des œufs et des couvées de faisans, de perdrix et de cailles (n. 15).

ART. 5. Les permis de chasse seront délivrés, sur l'avis du maire et du sous-préfet, par le préfet du département dans lequel celui

---

* Les numéros entre parenthèses correspondent aux numéros du commentaire.

qui en fera la demande aura sa résidence ou son domicile (n. 2).

La délivrance des permis de chasse donnera lieu au paiement d'un droit de quinze francs (15ᶠ) au profit de l'Etat, et de 10 francs (10ᶠ) au profit de la commune, dont le maire aura donné l'avis énoncé au paragraphe précédent (n. 2).

Les permis de chasse seront personnels; ils seront valables pour tout le royaume, et pour un an seulement (n. 2).

ART. 6. Le préfet pourra refuser le permis de chasse (n. 2) :

1° A tout individu majeur qui ne sera point personnellement inscrit, ou dont le père ou la mère ne serait pas inscrit au rôle des contributions;

2° A tout individu majeur qui, par une condamnation judiciaire, a été privé de l'un ou de plusieurs des droits énumérés dans l'article 42 du code pénal, autres que le droit de port d'armes;

3° A tout condamné à un emprisonnement de plus de six mois pour rébellion ou violence envers les agents de l'autorité publique;

4° A tout condamné pour délit d'association illicite, de fabrication, débit, distribution de poudre, armes ou autres munitions de guerre; de menaces écrites ou de menaces verbales avec ordre ou sous condition; d'entraves à la circulation des grains; de dévastation d'arbres ou de récoltes sur pied, de plants venus naturellement ou faits de main d'homme;

5° A ceux qui auront été condamnés pour vagabondage, mendicité, vol, escroquerie ou abus de confiance.

La faculté de refuser le permis de chasse aux condamnés dont il est question dans les paragraphes 3, 4 et 5, cessera cinq ans après l'expiration de la peine.

ART. 7. Le permis de chasse ne sera pas délivré (n. 2) :

1° Aux mineurs qui n'auront pas seize ans accomplis;

2° Aux mineurs de seize à vingt et un ans, à moins que le permis ne soit demandé pour eux par leur père, mère, tuteur ou curateur, porté au rôle des contributions;

3° Aux interdits;

4° Aux gardes champêtres ou forestiers des communes et établissements publics, ainsi qu'aux gardes forestiers de l'Etat et aux gardes-pêche.

ART. 8. Le permis de chasse ne sera pas accordé (n. 2) :

1° A ceux qui, par suite de condamnations, sont privés du droit de port d'armes;

2° A ceux qui n'auront pas exécuté les condamnations prononcées contre eux pour l'un des délits prévus par la présente loi;

3° A tout condamné placé sous la surveillance de la haute police.

ART. 9. Dans le temps où la chasse est ouverte, le permis donne, à celui qui l'a obtenu, le droit de chasser de jour, à tir et à courre, sur ses propres terres, et sur les terres d'autrui avec le consentement de celui à qui le droit de chasse appartient.

Tous autres moyens de chasse, à l'exception des furets et des bourses destinées à prendre le lapin, sont formellement prohibés (n. 6).

Néanmoins les préfets des départements, sur l'avis des conseils généraux, prendront des arrêtés pour déterminer :

1° L'époque de la chasse des oiseaux de passage, autres que la caille, et les modes et les procédés de cette chasse (n. 16);

2° Le temps pendant lequel il sera permis de chasser le gibier d'eau, dans les marais, sur les étangs, fleuves et rivières (n. 16) ;

3° Les espèces d'animaux malfaisants ou nuisibles que le propriétaire, possesseur ou fermier, pourra en tout temps détruire sur ses terres, et les conditions de l'exercice de ce droit (n. 18), sans préjudice du droit appartenant au propriétaire ou au fermier de repousser ou de détruire, même avec des armes à feu, les bêtes fauves qui porteraient dommage à ses propriétés (n. 20).

Ils pourront prendre également des arrêtés :

1° Pour prévenir la destruction des oiseaux (n. 17);

2° Pour autoriser l'emploi des chiens lévriers pour la destruction des animaux malfaisants ou nuisibles (n. 19);

3° Pour interdire la chasse pendant les temps de neige (n. 4).

ART. 10. Des ordonnances royales détermineront la gratification qui sera accordée aux gardes et gendarmes rédacteurs des procès-verbaux ayant pour objet de constater les délits (n. 41).

SECTION II.

DES PEINES.

ART. 11. Seront punis d'une amende de seize à cent francs :

1° Ceux qui auront chassé sans permis de chasse (n. 2) ;

2° Ceux qui auront chassé sur le terrain d'autrui sans le consentement du propriétaire (n. 9).

L'amende pourra être portée au double, si le délit a été commis sur des terres non dépouillées de leurs fruits (n. 10), ou s'il a été commis sur un terrain entouré d'une clôture continue faisant obstacle à toute communication avec les héritages voisins, mais non attenant à une habitation (n. 11).

Pourra ne pas être considéré comme délit de chasse le fait du passage des chiens courants sur l'héritage d'autrui, lorsque ces chiens seront à la suite d'un gibier lancé sur la propriété de leurs maîtres, sauf l'action civile, s'il y a lieu, en cas de dommage (n. 1);

3° Ceux qui auront contrevenu aux arrêtés des préfets concernant les oiseaux de passage, le gibier d'eau (n. 16), la chasse en temps de neige (n. 4), l'emploi des chiens lévriers (n. 6), ou aux arrêtés concernant la destruction des oiseaux (n. 17) et celle des animaux nuisibles ou malfaisants (n. 18);

4° Ceux qui ont pris ou détruit, sur le terrain d'autrui, des œufs ou couvées de faisans, de perdrix ou de cailles (n. 15);

5° Les fermiers de la chasse, soit dans les bois soumis au régime forestier, soit sur les propriétés dont la chasse est louée au profit des communes ou établissements publics, qui auront contrevenu aux clauses et conditions de leurs cahiers de charges relatives à la chasse (n. 23).

ART. 12. Seront punis d'une amende de cinquante à deux cents fr., et pourront, en outre, l'être d'un emprisonnement de six jours à deux mois :

1º Ceux qui auront chassé en temps prohibé (n. 3);

2º Ceux qui auront chassé pendant la nuit (n. 5) ou à l'aide d'engins et instruments prohibés, ou par d'autres moyens que ceux qui sont autorisés par l'article 9 (n. 6);

3º Ceux qui seront détenteurs ou ceux qui seront trouvés munis ou porteurs, hors de leur domicile, de filets, engins ou autres instruments de chasse prohibés (n. 25);

4º Ceux qui, en temps où la chasse est prohibée, auront mis en vente, vendu, acheté, transporté ou colporté du gibier (n. 24);

5º Ceux qui auront employé des drogues ou appâts qui sont de nature à enivrer le gibier ou à le détruire (n. 8);

6º Ceux qui auront chassé avec appeaux, appelants ou chanterelles (n. 7).

Les peines déterminées par le présent article pourront être portées au double contre ceux qui auront chassé pendant la nuit sur le terrain d'autrui et par l'un des moyens spécifiés au paragraphe 2, si les chasseurs étaient munis d'une arme apparente ou cachée (n. 14).

Les peines déterminées par l'article 11 et par le présent article seront toujours portées au maximum, lorsque les délits auront été commis par les gardes champêtres ou forestiers des communes, ainsi que par les gardes forestiers de l'Etat et des établissements publics (n. 32).

ART. 13. Celui qui aura chassé sur le terrain d'autrui sans son consentement, si ce terrain est attenant à une maison habitée ou servant à l'habitation, et s'il est entouré d'une clôture continue faisant obstacle à toute communication avec les héritages voisins, sera puni d'une amende de cinquante à trois cents francs, et pourra l'être d'un emprisonnement de 6 jours à trois mois (n. 12).

Si le délit a été commis pendant la nuit, le délinquant sera puni d'une amende de cent francs à mille francs, et pourra l'être d'un emprisonnement de trois mois à deux ans, sans préjudice, dans l'un et l'autre cas, s'il y a lieu, de plus fortes peines prononcées par le code pénal (n. 13).

ART. 14. Les peines déterminées par les trois articles qui précèdent pourront être portées au double si le délinquant était en état de récidive (n. 33), et s'il était déguisé ou masqué, s'il a pris un faux nom, s'il a usé de violence envers les personnes, ou s'il a fait des menaces, sans préjudice, s'il y a lieu, de plus fortes peines prononcées par la loi (n. 30).

Lorsqu'il y aura récidive, dans les cas prévus en l'article 11, la peine de l'emprisonnement de 6 jours à trois mois pourra être appliquée si le délinquant n'a pas satisfait aux condamnations précédentes (n. 33).

ART. 15. Il y a récidive lorsque, dans les douze mois qui ont précédé l'infraction, le délinquant a été condamné en vertu de la présente loi (n. 33).

ART. 16. Tout jugement de condamnation prononcera la confiscation des filets, engins et autres instruments de chasse. Il ordonnera, en outre, la destruction des instruments de chasse prohibés (n. 35).

Il prononcera également la confiscation des armes, excepté dans le cas où le délit aura été commis par un individu muni d'un permis de chasse, dans le temps où la chasse est autorisée (n. 35).

Si les armes, filets, engins ou autres instruments de chasse n'ont pas été saisis, le délinquant sera condamné à les représenter ou à en payer la valeur, suivant la fixation qui en sera faite par le jugement, sans qu'elle puisse être au-dessous de cinquante francs (n. 35).

Les armes, engins, ou autres instruments de chasse, abandonnés par les délinquants restés inconnus, seront saisis et déposés au greffe du tribunal compétent. La confiscation, et, s'il y a lieu, la destruction en seront ordonnées sur le vu du procès-verbal (n. 47).

Dans tous les cas, la quotité des dommages-intérêts est laissée à l'appréciation des tribunaux (n. 37).

ART. 17. En cas de conviction de plusieurs délits prévus par la présente loi, par le code pénal ordinaire ou par les lois spéciales, la peine la plus forte sera seule prononcée (n. 34).

Les peines encourues pour des faits postérieurs à la déclaration du procès-verbal de contravention, pourront être cumulées, s'il y a lieu, sans préjudice des peines de la récidive (n. 34).

ART. 18. En cas de condamnation pour délits prévus par la présente loi, les tribunaux pourront priver le délinquant du droit d'obtenir un permis de chasse pour un temps qui n'excédera pas cinq ans (n. 36).

ART. 19. La gratification mentionnée en l'article 10 sera prélevée sur le produit des amendes (n. 42).

Le surplus desdites amendes sera attribué aux communes sur le territoire desquelles les infractions auront été commises.

ART. 20. L'article 463 du code pénal ne sera pas applicable aux délits prévus par la présente loi (n. 29).

SECTION III.

DE LA POURSUITE ET DU JUGEMENT.

ART. 21. Les délits prévus par la présente loi seront prouvés, soit par procès-verbaux ou rapports, soit par témoins, à défaut de rapports et procès-verbaux, ou à leur appui (n. 56).

ART. 22. Les procès-verbaux des maires et adjoints, commissaires de police, officiers, maréchaux des logis ou brigadiers de gendarmerie, gendarmes, gardes forestiers, gardes-pêche, gardes champêtres, ou gardes assermentés des particuliers, feront foi jusqu'à preuve contraire (n. 54).

ART. 23. Les procès-verbaux des employés des contributions indirectes et des octrois feront également foi jusqu'à preuve contraire, lorsque, dans la limite de leurs attributions respectives, ces agents rechercheront et constateront les délits prévus par le paragraphe 1er de l'article 4 (n. 54).

ART. 24. Dans les vingt-quatre heures du délit, les procès-verbaux des gardes seront, à peine de nullité, affirmés par les rédacteurs devant le juge de paix ou l'un de ses suppléants, ou devant le maire ou l'adjoint, soit de la commune de leur résidence, soit de celle où le délit aura été commis (n. 53).

ART. 25. Les délinquants ne pourront être saisis ni désarmés; néanmoins, s'ils sont déguisés ou masqués, s'ils refusent de faire connaître leurs noms, ou s'ils n'ont pas de domicile connu, ils seront conduits immédiatement devant le maire ou le juge de paix, lequel s'assurera de leur individualité (n. 43).

ART. 26. Tous les délits prévus par la présente loi seront poursuivis d'office par le ministère public (n. 57), sans préjudice du droit conféré aux parties lésées par l'art. 182 du code d'instruction criminelle (n. 59).

Néanmoins, dans le cas de chasse sur le terrain d'autrui sans le consentement du propriétaire, la poursuite d'office ne pourra être exercée par le ministère public, sans une plainte de la partie intéressée, qu'autant que le délit aura été commis dans un terrain clos, suivant les termes de l'article 2, et attenant à une habitation, ou sur des terres non encore dépouillées de leurs fruits (n. 57).

ART. 27. Ceux qui auront commis conjointement les délits de chasse, seront condamnés solidairement aux amendes, dommages-intérêts et frais (n. 39).

ART. 28. Le père, la mère, le tuteur, les maîtres et commettants sont civilement responsables des délits de chasse commis par leurs enfants mineurs non mariés, pupilles demeurant avec eux, domestiques ou préposés, sauf tout recours de droit (n. 41).

Cette responsabilité sera réglée conformément à l'article 1384 du code civil, et ne s'appliquera qu'aux dommages-intérêts et frais, sans pouvoir toutefois donner lieu à la contrainte par corps (n. 41).

ART. 29. Toute action relative aux délits prévus par la présente loi sera prescrite par le laps de trois mois, à compter du jour du délit (n. 64).

SECTION IV.

DISPOSITIONS GÉNÉRALES.

ART. 30. Les dispositions de la présente loi, relatives à l'exercice du droit de chasse, ne sont pas applicables aux propriétés de la couronne. Ceux qui commettraient des délits de chasse dans ces propriétés seront poursuivis et punis conformément aux sections II et III.

ART. 31. Le décret du 4 mai 1812 et la loi du 30 avril 1790 sont abrogés.

Sont et demeurent également abrogés : les lois, arrêtés, décrets et ordonnances intervenus sur les matières réglées par la présente loi, en tout ce qui est contraire à ses dispositions.

LA LOI SUR LA CHASSE.

COMMENTAIRE ABRÉGÉ

COMPOSÉ A L'AIDE DE LA JURISPRUDENCE.

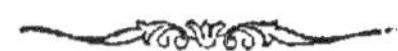

DÉLITS DE CHASSE ET CONDAMNATIONS.

1. Définition de la chasse. —
Différents faits de chasse; passage
des chiens courants sur le terrain
d'autrui.

Pour être fidèle à la pensée de la loi, il faut entendre le mot *chasse* dans le sens le plus général, et l'appliquer sans distinction à la recherche, à la poursuite des animaux sauvages, en y comprenant les oiseaux. Instr. du 9 mai 1844. D. 44. 3. 98.. Paris, 21 déc. 1844. D. 45. 2. 18, et C. 29 nov. 1845. D. 46. 1. 21.

Différents faits de chasse. — Il y a fait de chasse de la part de celui qui, dans une ville, sur une place publique, tire sur des oiseaux (C. 21 sept. 1847. B. n. 233), ou qui tend aux filets dans une rue (Paris, 21 déc. 1844. D. 45. 2. 18), ou qui tire sur une sarcelle dans un fossé formant l'enceinte d'une ville (C. 6 mars 1857. B. n. 94), ou qui tire sur une corneille dans une avenue. C. 13 nov. 1818. B. n. 138. — Il y a fait de chasse de la part de celui qui, sur une route, à l'aide d'un bâton, tue le lièvre venant à sa rencontre. Épinal, 3 oct. 1862.

Mettre un chien en quête dans un champ, ne fût-ce que pour le dresser, est un fait de chasse à moins de circonstances exceptionnelles. C. 17 fév. 1853. B. n. 61.—Il va sans dire que faire poursuivre le gibier par des chiens, lors même qu'on ne serait pas armé, est un fait de chasse. Voy. C. 6 juill. 1854. B. n. 215. — A l'égard du chien lévrier, le fait de parcourir la plaine constitue une action de chasse; et le maître, qui n'a pas rappelé son chien, encourt les peines de la loi. Nancy, 4 déc. 1844. D. 45. 2. 5. — Lorsqu'un chien est surpris chassant, le maître n'est coupable que s'il a concouru à ce fait par un acte de sa volonté. C. 21 juill. 1855. B. n. 259.. C. 20 nov. 1845. B. n. 342.

Pour chasser sur le terrain d'autrui, il n'est pas nécessaire d'y pénétrer ; il suffit de se livrer à des actes quelconques ayant pour objet la poursuite du gibier sur cette propriété. C. 18 mars 1853. B. n. 90.. C. 26 sept. 1840. B. n. 289.— Il n'y a pas délit de chasse de la part de celui qui, après avoir déposé ou déchargé son arme, va ramasser sur le terrain d'autrui la pièce de gibier qu'il a tirée et blessée mortellement sur son propre terrain. Amiens, 17 janv. 1841. S. 42. 2. 104.. Limoges, 5 fév. 1848. S. 48. 2. 152. — Il n'y a pas fait de chasse, lorsque le chien du chasseur va ramasser sur le terrain d'autrui une pièce de gibier que le chasseur avait tirée et blessée mortellement sur son propre terrain. Paris, 2 déc. 1854. S. 54. 2. 681.

1. (Suite.)

2. Chasse sans permis. — Nécessité d'un permis de chasse. — Valeur et durée d'un permis. — Dispense de permis pour les auxiliaires du chasseur, pour la chasse dans un enclos, pour la destruction des animaux nuisibles. — Obtention des permis de chasse.

Passage des chiens courants sur le terrain d'autrui. — D'après l'art. 11, § 2, *on pourra ne pas considérer comme délit de chasse le fait du passage des chiens courants sur l'héritage d'autrui, lorsque ces chiens seront à la suite d'un gibier lancé sur la propriété de leurs maîtres, sauf l'action civile, s'il y a lieu, en cas de dommage.*

La disposition de l'art. 11 n'a pas été étendue au chien d'arrêt qui revient à l'appel de son maître. Voy. disc. de la loi, S. 44. 2. 286. — Pour se prévaloir de l'art. 11, il faut que le maître des chiens courants ait été dans l'impossibilité de les arrêter. Metz, 20 janvier 1858. — Il n'y a pas délit de la part du chasseur qui ayant son fusil désarmé, traverse le bois d'autrui, suivi par ses chiens courants non muselés ni couplés, lorsque les chiens n'ont pas chassé. C. 26 juill. 1860. B. n. 178.

ART. 1. — Art. 11, n° 1. Amende de 16 à 100 francs.

Nécessité d'un permis de chasse. — D'après l'art. 1, *nul ne pourra chasser, sauf les exceptions ci-après, s'il ne lui a pas été délivré un permis de chasse par l'autorité compétente.* — Quels que soient l'animal qu'on chasse et les moyens qu'on emploie, il faut un permis de chasse. Instr. du 20 mai 1844. D. 44. 3. 102. Voyez C. 20 janv. 1860. B. n. 14. — Un permis est nécessaire pour la chasse aux alouettes à l'aide de filets. C. 18 avril 1845. B. n. 139.

Celui qui a été trouvé chassant, doit justifier qu'il avait un permis à l'époque du fait de chasse. Rouen, 10 avril 1845. D. 45. t. 73. — Le permis ne peut être suppléé par un certificat attestant la demande en délivrance, l'autorité pouvant refuser le permis. C. 16 mars 1844. D. 44. t. 65. — Il est encore temps à l'audience de justifier du permis. C. 6 mars 1846. D. 46. 1. 168. — Le refus d'exhiber son permis ne peut avoir d'autre conséquence qu'une citation en police correctionnelle ; le fait du chasseur récalcitrant se trouve ainsi légalement réprimé. C. 15 déc. 1855. B. n. 401.

Celui à qui la loi refuse le permis de chasse (dans l'espèce, le garde d'une commune), ne peut se prévaloir d'un permis qui lui a été délivré illégalement. Rouen, 30 nov. 1844. S. 45. 2. 104.. Angers, 19 fév. 1862. D. 62. 2. 70. — Jugé en sens contraire. C. 28 janv. 1858. B. n. 20.

Valeur et durée d'un permis de chasse. — D'après l'art. 5, *les permis de chasse sont personnels ; ils sont valables pour tout l'empire, et pour un an seulement.* — L'année pendant laquelle un permis est valable, court à partir de la date du permis, et non à partir du jour où les droits ont été acquittés. C. 4 mars 1848. B. n. 51. C. 7 juil. 1849. B. n. 154. Contrà Grenoble, 10 févr. 1848. D. 51. t. 76. — On peut chasser le jour même de la délivrance du permis par le préfet. Rouen, 18 déc. 1845. D. 46. t. 60. — Le jour de la délivrance est compris dans l'année, et le permis, signé par le préfet le 4 sept., expire le 3 sept. suivant, au soir. C. 17 mai 1828. B. n. 149. — Décidé depuis que l'on peut encore chasser avec un permis, le jour anniversaire de la délivrance (C. 22 mars 1850. D. 50. t. 60.. Aix, 16 janv. 1856. S. 56. 2. 71) ; si l'on faisait entrer dans le cours de l'année le jour même de la délivrance du permis, celui qui a obtenu le permis, ne jouirait pas du droit de chasse pendant une année entière.. Pau, 15 déc. 1859. S. 60. 2. 195.

Dispense de permis pour les auxiliaires du chasseur. — Lorsqu'un genre de chasse exige pour son accomplissement le concours de plusieurs individus, les auxiliaires du chasseur, salariés ou non, ne faisant avec lui qu'une même personne, ne sont pas obligés d'avoir un permis. C. 8 mars 1845. B. n. 93.—Ainsi jugé pour les traqueurs non armés (Paris, 26 avril 1845. D. 45. 2. 153); et pour les aides de celui qui tend aux alouettes à l'aide de filets (Agen, 3 fév. 1847. D. 47. t. 71), ou qui tend aux petits oiseaux à l'aide de sauterelles (C. 8 mars 1845. D. 45. 1. 172), pourvu toutefois que les aides ne soient réellement que des aides. Toulouse, 8 janv. 1846. D. 1847. t. 71.. Nancy, 25 nov. 1844. D. 45. t. 76. — La chasse aux lapins pouvant avoir lieu sans traqueurs, celui qui frappe avec un bâton sur des broussailles pour en faire sortir les lapins et les faire passer devant le chasseur, doit être muni d'un permis de chasse. Rouen, 10 déc. 1846. D. 47. t. 72.

Dispense de permis pour chasser dans un enclos attenant à une habitation. — D'après l'art. 2, *le propriétaire ou possesseur peut chasser ou faire chasser en tout temps, sans permis de chasse, dans ses possessions attenantes à une habitation et entourées d'une clôture continue, faisant obstacle à toute communication avec les héritages voisins.* — Ne peut se prévaloir de la disposition exceptionnelle de l'art. 2 celui qui, de l'intérieur d'une cour attenante à sa maison d'habitation, tire sur un oiseau posé en dehors du mur qui sert de clôture à cette cour. C. 14 août 1847. B. n. 184.

L'art. 2 étant fondé sur le respect dû au domicile des citoyens, il ne suffit pas que dans le terrain clos où l'on a chassé, se trouve une construction pouvant servir à l'habitation; cette construction doit être, si ce n'est actuellement habitée, du moins destinée à l'habitation (C. 3 mai 1845. B. n. 159.. 29. av. 1858. B. n. 140), c'est-à-dire qu'elle réunisse toutes les conditions pour cet usage, de telle sorte que l'enclos qui l'environne puisse être considéré comme une dépendance de l'habitation. Metz, 10 mars 1858. — Les possessions doivent être attenantes à l'habitation; il ne suffit pas qu'elles en soient dépendantes. Peu importe, d'ailleurs, par qui la maison est habitée. Quant à la clôture, on voit, par la définition de l'art. 2, que le législateur a voulu une clôture réelle, et non une apparence de clôture. Voy. disc. de la loi, Duvergier, p. 102 et s. — On ne peut pas considérer comme clôture d'anciens fossés non entretenus dont il reste seulement des traces apparentes (C. 28 mai 1836. D. 36. 1. 290); ni un simple fossé de deux pieds sur quatre (C. 14 mai 1836. B. n° 148); ni un fossé, quelles que soient sa largeur et sa profondeur, parce qu'une séparation de ce genre n'empêche pas le chasseur d'atteindre le gibier sur les propriétés voisines, ni les chiens d'aller l'y saisir. Douai, 28 nov. 1842. D. 43. t. 68. — On ne peut regarder comme clos un terrain qui par des brèches, des échaliers ou des barrières ouvrant à volonté, offre un libre accès au public. Rennes, 11 nov. 1833. D. 34. 2. 212.—Une clôture consistant en pieux placés de distance en distance et reliés par de gros fils de fer, ne constitue pas une

2. (Suite.)

clôture dans le sens de la loi de 1844. Rouen, 24 nov. 1859. D. 60. 2. 218. — Une rivière, un canal peuvent être réputés clôtures. Metz, 22 mai 1845. Jugé le contraire sous l'empire de la loi du 28 avril 1790 qui, pour clôture, exigeait des murs ou des haies vives. C. 12 février 1830. B. n. 42.

Dispense de permis pour la destruction des animaux nuisibles. — Le permis n'est pas nécessaire pour la destruction des animaux malfaisants ou nuisibles. — Voy. n. 18.

Obtention de permis de chasse. — Lorsqu'on veut obtenir un permis de chasse, on fait une demande au préfet (sur papier timbré, circ. du 5 sept. 1849), et l'on joint à la demande le récépissé constatant qu'on a déposé 25 fr. chez le percepteur (circ. du 30 juill. 1849). — On remet cette demande au maire de la commune dans laquelle on a sa résidence ou son domicile. — Le maire, en donnant son avis sur la demande, la transmet au préfet du département, si l'on se trouve dans l'arrondissement du chef-lieu, et au sous-préfet, si l'on est dans un arrondissement autre que celui du chef-lieu. — D'après l'art. 5 de la loi de 1844, le sous-préfet devait à son tour, en donnant son avis sur la demande, la transmettre au préfet qui statuait en définitive ; mais une circulaire du 12 juill. 1860 autorise les sous-préfets à délivrer des permis de chasse aux habitants de leur arrondissement. Les sous-préfets doivent toutefois, d'après cette circulaire, continuer a transmettre au préfet, en les accompagnant de leur avis, les demandes formées par des individus qni se trouvent dans l'un des cas où les permis peuvent être refusés. — A Paris, les permis de chasse sont délivrés par le préfet de police, sur l'avis des commissaires de police. — Lorsque les préfets (ou sous-préfets) accordent des permis, ils les adressent aux maires qui les remettent aux impétrants. Instr. du 30 juill. 1849. — Sur la somme de 25 fr., 15 sont attribués à l'État et 10 à la commune dont le maire a donné l'avis énoncé plus haut. Art. 5. — L'art. 6 indique les personnes auxquelles le permis *peut* être refusé ; les art. 7 et 8 indiquent les personnes auxquelles il *doit* être refusé. — Toutefois, l'obtention est de droit commun ; c'est donc à l'autorité qui veut appliquer l'exception, à prouver le cas exceptionnel. Instr. du 20 mai 1844. — Si le préfet avait par erreur accordé un permis, il devrait le retirer. Instr. du 20 mai 1844.

3. Chasse en temps prohibé. — Arrêtés d'ouverture et de clôture de la chasse, leur publication, leur effet obligatoire. — Chasse en temps prohibé dans un enclos. — Destruction des animaux nuisibles en temps prohibé.

ART. 1. — Art. 12, n. 1. Amende de 50 à 200 francs et emprisonnement facultatif de 6 jours à 2 mois.

D'après l'art. 1er, *nul ne pourra chasser, sauf les exceptions ci-après, si la chasse n'est pas ouverte.*

Arrêtés administratifs concernant l'ouverture de la chasse ; leur publication, leur effet obligatoire. — D'après l'art. 3, *les préfets détermineront, par des arrêtés publiés au moins dix jours à l'avance, l'époque de l'ouverture et l'époque de la clôture de la chasse dans chaque département.* — La loi n'autorise pas les préfets à déléguer aux maires le droit d'ouvrir et de clore la chasse. Voy. disc. de la loi, Duvergier, p. 106.

Les arrêtés des préfets doivent être publiés au moins 10 jours à l'avance. — Ces actes dont l'infraction emporte l'application d'une peine, doivent recevoir dans chaque localité, par les voies en usage, la publication, qui seule peut leur conférer un caractère obligatoire; l'insertion dans le recueil administratif et l'envoi aux maires ne suffisent pas pour en donner connaissance au public. C. 5 juill. 1845. B. n. 222.. C. 28 nov. 1845. B. n. 350.. C. 12 av. 1861. B. n. 80.

Dans le même département, la chasse peut être ouverte à des époques différentes pour différents arrondissements et même pour différentes communes; mais les préfets, en ouvrant la chasse, n'ont pas le droit d'en restreindre l'exercice aux terres dépouillées de leurs fruits, la loi ne défendant pas la chasse sur le terrain d'autrui, même couvert de récoltes, lorsqu'il y a consentement du propriétaire. Jugement d'appel de Tours, et C. 18 juill. 1845. B. n. 234. — Lorsqu'il est dit dans un arrêté que la chasse est défendue à compter de tel jour, la prohibition commence le jour indiqué. C. 7 sept. 1833. B. n. 368.

Le préfet, après avoir fixé l'ouverture de la chasse à une certaine époque, a pu, avant que la chasse ne fût ouverte, en retarder l'ouverture; et ce nouvel arrêté est exécutoire, non plus après 10 jours conformément à l'art. 3, mais dès que les citoyens en ont eu régulièrement connaissance conformément à l'art. 46, titre premier de la loi des 19 et 22 juill. 1791. C. 14 déc. 1860. B. n. 288.

Le fermier de la chasse, chassant dans un pré communal le 8 mars, en temps prohibé par l'arrêté préfectoral, ne peut s'excuser en disant que le cahier des charges approuvé par le préfet, l'autorise à chasser jusqu'au 1er avril; les arrêtés préfectoraux sont des règlements de police qui ne peuvent être modifiés par des conventions privées. C. 7 oct. 1842. B. n. 264.

Quoique la chasse soit ouverte, un maire a le droit d'en défendre l'exercice sur certaine partie du territoire de la commune (C. 12 juill. 1855 B. n. 251); — il peut défendre de chasser à moins de 100 mètres des vignes, jusqu'à la clôture du ban de vendange; cet arrêté intéresse la sûreté des campagnes. Le contrevenant doit être puni conformément à l'art. 471 du code pénal. C. 4 sept. 1847. B. n. 209. — Un maire peut défendre de chasser dans les vignes pendant les vendanges (C. 2 juill. 1858. B. n. 190), et pendant le temps où le grapillage est permis. C. 6 févr. 1858. B. n. 45.

Chasse en temps prohibé dans un enclos attenant à une habitation. — Par respect pour le domicile des citoyens, l'art. 2 autorise à chasser, en tout temps, dans l'enclos attenant à une habitation. Voy. l'art. 2 et les notes, au mot enclos, page 11.

Destruction des animaux nuisibles en temps prohibé. Voy. n. 20.

4. Chasse en temps de neige. — Arrêtés prohibant la chasse en temps de neige, leur publication, leur effet obligatoire.

ART. 9. — Art. 11, n. 3. Amende de 16 à 100 francs.

D'après l'art. 9, *les préfets pourront prendre des arrêtés pour interdire la chasse pendant les temps de neige.*

Arrêtés défendant la chasse en temps de neige; leur publication, leur effet obligatoire. — L'arrêté qui interdit la chasse en

4. (Suite.)

temps de neige, emporte l'application d'une peine, et doit dès-lors être publié dans les formes ordinaires. Cette publicité ne saurait résulter de la seule insertion au bulletin des actes de la préfecture. C. 5 juill. 1845. B. n. 222.

Les arrêtés défendant la chasse en temps de neige, n'ont pas besoin d'être renouvelés chaque année ; ils sont permanents, et doivent recevoir leur exécution tant qu'ils n'ont pas été rapportés. C. 24 juill. 1846. B. n. 192.. C. 29 nov. 1847. B. n. 285.

Le temps de neige doit s'entendre du temps pendant lequel la terre est généralement couverte de neige, et il appartient aux tribunaux de le déclarer. Douai, 10 mai 1853. D. 53. 2. 226.

Chasse en temps de neige du gibier d'eau et des animaux malfaisants. — Lorsque l'arrêté contient une prohibition générale de chasser en temps de neige, cette prohibition s'applique à la chasse du gibier d'eau dans les marais, sur les étangs, fleuves et rivières. Douai, 6 mars 1853. S. 53. 2. 474. — Les préfets peuvent, en vertu de l'article 9, défendre de chasser en temps de neige des animaux nuisibles (dans l'espèce, des sangliers). C. 30 juill. 1852. B. n. 262. — La défense de chasser pendant la neige au bois et en plaine, ne s'applique pas à la chasse sur les rivières, étangs et marais. Metz, 11 mai 1855.

5. Chasse pendant la nuit. — Ce qu'on entend par la nuit.

ART. 9. — Art. 12, n. 2. Amende de 50 à 200 francs, et emprisonnement facultatif de 6 jours à 2 mois.

D'après l'art. 9, *le permis de chasse donne à celui qui l'a obtenu le droit de chasser de jour.*

Ce qu'on entend par la nuit. — Il semble résulter de la discussion de la loi (Duvergier, p. 124), qu'on n'a pas entendu prohiber la chasse à l'affût ayant lieu, le soir ou le matin, à une époque qui est très-près de la nuit, mais qui n'est pas la nuit. — Le 9 nov. 1847. D. 47. t. 70, la cour de Douai a décidé que le fait de chasse commis le 6 octobre à 6 heures $^{1}/_{2}$ du soir, n'a pas eu lieu pendant la nuit dans le sens de la loi de 1844. — Jugé que la loi, art. 9, ne permet que la chasse de jour, que le jour ne s'entend que du temps qui s'écoule entre le lever et le coucher du soleil, qu'en conséquence le fait de chasse, commis le 30 août à 4 heures du matin, a eu lieu pendant la nuit. Dijon, 11 nov. 1846. D. 47. t. 69.

Chasse pendant la nuit dans un enclos attenant à une habitation. — Il semble résulter des art. 9 et 12 qu'il n'est pas permis de chasser pendant la nuit dans un enclos. On n'a pas trouvé d'arrêt sur cette question.

6. Chasse à l'aide de moyens prohibés. — Chasse à l'aide de traquoures, de chiens d'arrêt, de miroirs. — Chasse à l'aide de lévriers. — Emploi de moyens prohibés pour chasser dans un enclos, pour détruire les animaux nuisibles.

ART. 9. — Art. 12, n. 2. Amende de 50 à 200 francs, et emprisonnement facultatif de 6 jours à 2 mois.

La loi, art. 9, n'admet que 3 modes de chasse : la chasse à tir, c'est-à-dire avec le fusil, la chasse à courre, c'est-à-dire à l'aide de chiens courants, et l'emploi des furets et des bourses pour prendre le lapin. Tous autres moyens sont formellement prohibés, sauf le droit pour les préfets de régler les procédés de chasse des oiseaux de passage, du gibier d'eau et des animaux malfaisants.

On est passible de l'art. 12 n. 2 et non de l'art. 11 n. 3, si, antérieurement au jour où cela devient licite par l'arrêté du préfet, on chasse aux oiseaux de passage à l'aide de lacets (C. 4 mai 1848. B. n. 135), ou à l'aide de gluaux (C. 27 fév. 1845. D. 45. 1. 169) : il y a violation de la prohibition générale de l'art. 9, et non de l'arrêté préfectoral qui, en cette partie, n'est pas en cours d'exécution.

La défense de chasser les oiseaux par tout autre moyen que le fusil, a été prononcée d'une manière absolue; il n'y a d'exception qu'à l'égard des oiseaux de passage, pour la chasse desquels les autres modes de chasse doivent être autorisés d'une manière spéciale par le préfet. Paris, 21 déc. 1844. D. 45. 2. 18.

Chasse à l'aide de traqueurs, de chiens d'arrêt, de miroirs. — On ne considère pas comme moyens de chasse proprement dits ceux dont l'emploi n'est qu'accessoire. Ainsi, pour la chasse à tir, on peut employer des traqueurs, on peut s'aider de chiens d'arrêt. C. 29 nov. 1845. B. n. 353. -- Il est également permis de se servir de miroirs. Grenoble, 2 janvier 1845. D. 45. 2. 42. — Quant à ces procédés auxiliaires, insuffisants par eux-mêmes pour atteindre le but de la chasse, la loi n'a excepté que l'usage des appeaux, appelants et chanterelles. C. 29 nov. 1845. D. 46. 1. 21.

Chasse à l'aide de chiens lévriers. — L'emploi des chiens lévriers, hors du cas où il est permis pour la destruction des animaux déclarés nuisibles (Voy. n. 19), est un moyen de chasse prohibé par l'art. 9, et passible de l'art. 12. C. 19 fév. 1846. B. n. 51. — La défense s'applique au lévrier croisé comme au lévrier de pure race. Douai, 19 janv. 1846. D. 46. 2. 60.

Chasse à l'aide de moyens prohibés dans un enclos attenant à une habitation. — Les personnes autorisées par l'art. 2. à chasser en tout temps dans le clos attenant à leur habitation, n'ont pas la faculté de se servir d'engins prohibés par l'art. 9 : l'exception de l'art. 2 ne peut être étendue au delà de ses termes. C. 26 avril 1845. B. n. 154.. Limoges, 5 mars 1857. S. 57. 2. 282. Contrà, Besançon, 18 janv. 1845. D. 45. 2. 34. — Voy. disc. de la loi, Duvergier, p. 151.

Destruction des animaux nuisibles à l'aide de moyens prohibés. — Voy. n. 18.

7. Chasse avec appeaux, appelants ou chanterelles.

ART. 12, n. 6. Amende de 50 à 200 francs, et emprisonnement facultatif de 6 jours à 2 mois.

Pour attirer le gibier, on emploie l'appeau qui est un instrument, les appelants qui sont des oiseaux, la chanterelle qui est la femelle de la caille ou de la perdrix. — La défense de chasser avec appeaux, appelants ou chanterelles ne s'applique qu'aux cas ordinaires de chasse. Voy. note au n. 16.

8. Chasse à l'aide de drogues ou appâts.

ART. 12, n. 5. Amende de 50 à 200 francs, et emprisonnement facultatif de 6 jours à 2 mois.

D'après l'art. 12, n. 5, les drogues et appâts doivent être de nature à enivrer ou à détruire le gibier.

9. Chasse sur le terrain d'autrui sans le consentement du propriétaire ; faits de chasse, dispo-

ART. 1 et 9. — Art. 11, n. 2. Amende de 16 à 100 francs.

D'après l'art. 1er, nul n'aura la faculté de chasser sur la propriété d'autrui sans le consentement du propriétaire ou de ses ayants-droit.

9. (Suite.)

sition relative aux chiens courants. — Par qui le droit de chasse peut-il être concédé ? — Quid, si le prévenu excipe d'une permission, ou d'un bail, ou de ce qu'il est propriétaire du droit de chasse, ou propriétaire du terrain sur lequel il a chassé ?

Voyez au n. 1er différents faits de chasse sur la propriété d'autrui, et la disposition de l'art. 11 § 2, relative aux chiens courants.

Par qui le droit de chasse peut-il être concédé sur un terrain ?

L'ayant-droit dont parle l'art. 1er, est celui qui représente le propriétaire par délégation spéciale, en vertu d'une concession expresse, ou à titre universel. C. 4 juill. 1845. B. n. 219.

Le fermier d'un bien rural n'a pas qualité pour permettre d'y chasser. Le droit de chasse est un droit de pur agrément qui appartient au propriétaire du terrain, et qui n'est pas compris, sans une clause expresse du bail, dans la jouissance conférée au fermier, le gibier n'étant pas un fruit de fonds, à moins que le fonds ne soit destiné à la chasse. Grenoble, 19 mars 1846. D. 46. 2. 183.. C. 4 juill. 1845. B. n. 219. — Le propriétaire d'une ferme louée peut permettre d'y chasser, sauf au fermier l'action en dommage. C. 4 juill. 1845. B. n. 219. — Relativement aux permissions données par les adjudicataires de la chasse, voy. n. 23.

Un maire est sans qualité pour permettre de chasser dans un bois communal (C. 5 fév. 1848. B. n. 33); il faut une permission délivrée dans la forme administrative. C. 4 mai 1855. B. n. 154. — Les habitants d'une commune peuvent se prévaloir d'une délibération du conseil municipal approuvée par le préfet, qui les autorise tous, à titre gratuit, à chasser dans les bois communaux. C. 13 sept. 1850. B. n. 306.

Quid, si le prévenu excipe d'une permission de chasse ?

Il appartient au tribunal correctionnel de statuer, si le prévenu excipe d'une permission de chasse. C. 12 juin 1846. B. n. 145. — La loi n'exige pas que le consentement soit exprès, encore moins qu'il soit donné par écrit. C. 12 juin 1846. B. n. 145. — Les juges correctionnels peuvent admettre toute espèce de preuves du consentement du propriétaire (C. 3 mars 1854. B. n. 64), pourvu qu'il ne résulte pas des circonstances que ce consentement a été obtenu depuis les poursuites. C. 2 janv. 1862. B. n. 1.

La justification du consentement, qu'elle soit orale ou écrite, et à quelqu'époque de la procédure qu'elle soit faite, anéantit à l'instant même les poursuites. Douai, 25 nov. 1844. D. 45. t. 81.

A défaut de plainte, le consentement du propriétaire est toujours présumé, lorsque le fait de chasse a eu lieu sur des terres dépouillées de leurs fruits; mais si le fait de chasse a eu lieu sur un terrain non dépouillé, le prévenu, pour se disculper, doit fournir la preuve du consentement du propriétaire. Douai, 25 nov. 1844. D. 45. t. 81.

Quid, si le prévenu excipe d'un bail ?

Il appartient au tribunal correctionnel de statuer, si le prévenu excipe d'un bail portant adjudication du droit de chasse à son profit. C. 7 janv. 1853. B. n. 7. — Il n'est pas nécessaire que le bail soit enregistré (C. 13 déc. 1855. B. n. 398); il suffit que l'existence du bail au moment du procès-verbal ne soit pas douteuse. Metz, 1er mars 1854. S. 56. 2. 31.

Quid, si le prévenu soutient qu'il est propriétaire du droit de chasse ?

Le vendeur peut se réserver sur le fonds vendu le droit de chasse à perpétuité pour lui, ses héritiers et ayants-cause; et cette clause est obligatoire pour les tiers acquéreurs ultérieurs, comme pour les premiers acquéreurs. Amiens, 2 déc. 1835. S. 36. 2. 198. — Le droit pour des usagers de jouir d'une forêt et de l'exploiter n'emporte pas le droit de chasse. Metz, 26 fév. 1850. D. 50. 2. 124.

Quid, si le prévenu soutient qu'il est propriétaire du terrain sur lequel il a chassé ?

Lorsque le prévenu soutient qu'il est propriétaire du terrain sur lequel il a chassé, il y a lieu à renvoi devant le tribunal civil, si l'exception est fondée sur un titre apparent ou sur des faits de possession équivalents, personnels au prévenu et par lui articulés avec précision (art. 182 du code forestier). C. 25 juill. 1851. B. n. 308. — Lorsque l'exception est fondée, le tribunal correctionnel doit prononcer le renvoi à fins civiles, lors même que les prévenus ne l'auraient pas demandé par des conclusions formelles; cette question touche à l'ordre des juridictions qui est d'ordre public. C. 22 janv. 1836. S. 36. 1. 528. — Lorsqu'un tribunal est saisi d'une demande ayant deux chefs distincts, l'exception accueillie sur l'un des chefs, n'autorise pas à surseoir sur l'autre qui est en état. C. 22 juill. 1836. B. n. 239. — Il faut toujours mettre à la charge du prévenu, l'obligation de prouver l'exception de propriété (art. 182 du code forestier. C. 26 déc. 1846. B. n. 329.. C. 20 mai 1853. B. n. 177); et lui fixer un bref délai pour saisir les juges civils. C. 18 sept. 1840. B. n. 277.. C. 16 mai 1857. B. n. 196. — Lorsque le prévenu ne justifie pas de ses diligences dans le délai, le tribunal doit statuer sur la prévention, sans tenir compte de l'exception. C. 23 sept. 1836. B. n. 321.. C. 4 déc. 1857. B. n. 390.

L'exception de propriété ne peut être élevée que par le propriétaire lui-même. C. 11 janv. 1862. B. n. 16. — Cette exception peut être proposée en appel pour la première fois. C. 19 août 1841. B. n. 252.

10. Chasse sur le terrain d'autrui, sans le consentement du propriétaire, lorsque le terrain n'est pas dépouillé de ses fruits. — Ce qu'on entend par terrain non dépouillé de ses fruits. — Dans quel cas le chasseur qui passe sur des terres non récoltées, est-il passible de l'art. 471 n. 13 du code pénal.

ART. 1 et 9. — Art. 11, n. 2. Amende de 16 à 100 francs pouvant être portée au double.

Pour tout ce qui concerne la chasse sur le terrain d'autrui sans le consentement du propriétaire, voy. les notes au n. 9, p. 15.

Ce qu'on entend par terrain non dépouillé de ses fruits. — Par terres ensemencées, la loi n'a voulu parler que des terres pouvant encore produire des fruits qui sont propres à être récoltés et auxquels le passage des chasseurs peut causer du dommage. C. 31 janv. 1840. D. 45. t. 79. — L'art. 26 ne s'applique pas à un champ de pommes de terre dont les tubercules, au 15 sept., sont enfouis à une assez grande profondeur (Orléans, 22 oct. 1844. D. 45. t. 78); ni à une pièce de luzerne dont la deuxième coupe est faite et qui n'est plus destinée à être fauchée de l'année (C. 31 janv. 1840. B. n. 44); ni à un champ de sainfoin coupé depuis environ 15 jours (Bourges, 25 nov. 1841. J. du P. 42. 2. 265); ni à des pois lupins devant être enfouis (Grenoble, 11 nov. 1841. D. 45. t. 79); ni à une terre plantée d'osiers. Grenoble, 19

10. (Suite.)

mars 1846. D. 46. 2. 183. — Au 16 janvier, une terre emblavée en froment est, sinon chargée de fruits en maturité, du moins chargée de fruits en croissance dont la conservation est l'objet de la sollicitude le la loi. C. 16 nov. 1837. B. n. 401.

Dans quel cas le chasseur qui passe sur des terres non récoltées, est-il passible de l'art. 471 n. 13 du code pénal.

Celui qui chasse avec la permission de la personne qui est à la fois propriétaire du sol et de la récolte, ne peut être poursuivi en vertu de l'art. 471, n. 13, du code pénal, pour avoir passé sur des terres non récoltées, cette circonstance ne pouvant alors être isolée du fait de chasse (C. 24 avril 1852. B. n. 133); — il en serait autrement si le chasseur n'avait que la permission du propriétaire du sol. Voyez, C. 4 juill. 1845. B. n. 219.

11. Chasse sur le terrain d'autrui, sans le consentement du propriétaire (n. 10, p. 17), si ce terrain non attenant à une habitation, est entouré d'une clôture continue faisant obstacle à toute communication avec les héritages voisins (enclos, p. 11).

Art. 11, n. 2. Amende de 16 à 100 francs, pouvant être portée au double.

12. Chasse sur le terrain d'autrui sans le consentement du propriétaire (n. 10, p. 17), si ce terrain, entouré d'une clôture continue faisant obstacle à toute communication avec les héritages voisins, tient à une maison habitée ou servant à l'habitation (enclos, p. 11).

Art. 13. Amende de 50 à 300 francs, et emprisonnement facultatif de 6 jours à 3 mois.

13. Chasse sur le terrain d'autrui, sans le consentement du propriétaire (n. 10, p. 17), pendant la nuit (n. 5, p. 14), si ce terrain, entouré d'une clôture continue faisant obstacle à toute communication avec les héritages voisins, tient à une maison habitée ou servant à l'habitation (enclos, p. 11).

Art. 13, § 2. Amende de 100 à 1000 francs, et emprisonnement facultatif de 3 mois à 2 ans, sans préjudice, s'il y a lieu, de plus fortes peines prononcées par le code pénal.

14. Chasse sur le terrain d'autrui, sans le consentement du propriétaire (n. 10, p. 17), pendant la nuit (n. 5, p. 14), à l'aide d'instruments prohibés (n. 6, p. 14), ou par d'autres moyens que ceux qui sont autorisés par l'art. 9 (n. 6, p. 14), et avec cette circonstance que les chasseurs étaient munis d'une arme apparente ou cachée. — Pour la définition des armes, voy. art. 101 du code pénal.

Art. 12, avant-dernier paragraphe. Amende de 50 à 200 francs, et emprisonnement facultatif de 6 jours à 2 mois, l'amende et l'emprisonnement pouvant être portés au double.

15. Enlèvement ou destruction, sur le terrain d'autrui, des œufs ou couvées de faisans, de perdrix ou de cailles.

Art. 4. — Art. 11, n. 4. Amende de 16 à 100 francs.

16. Chasse aux oiseaux de passage et au gibier d'eau.

Art. 9. — Art. 11, n. 3. Amende de 16 à 100 francs. Voy. les arrêts rapportés au n. 6, p. 14.

D'après l'art. 9, *les préfets prendront des arrêtés pour déterminer : 1° l'époque de la chasse des oiseaux de passage, autres que la caille, et les modes et procédés de cette chasse ; 2° le temps pendant lequel il sera permis de chasser le gibier d'eau dans les marais, sur les étangs, fleuves et rivières.*

Lorsque la chasse est ouverte, on peut, d'après l'art. 9, chasser à tir les oiseaux de toute espèce, mais il a été reconnu que si les oiseaux sédentaires ne devaient jamais être chassés qu'au fusil (voy. n. 6, p. 14), il n'en était pas de même à l'égard des oiseaux de passage, ressource alimentaire dans beaucoup de départements ; et en conséquence, on a autorisé les préfets à permettre la chasse des oiseaux de passage en temps défendu, et à l'aide des moyens prohibés pour le gibier ordinaire, tels que les filets, les sauterelles, les gluaux, etc. Voy. disc. de la loi, Duvergier, p. 123. — La défense de chasser avec appeaux, appelants ou chanterelles (voy. n. 7) ne s'applique qu'aux cas ordinaires de chasse, et les préfets ont le droit d'autoriser ces moyens pour la chasse aux oiseaux de passage ; et, par exemple, ils peuvent permettre d'employer le canard privé comme appelant pour la chasse du canard sauvage. C. 16 juin 1848. B. n. 183. — Parmi les oiseaux de passage, il en est un qu'on ne peut jamais chasser qu'au fusil, c'est la caille. Cette mesure a été prise, parce qu'au moment où les cailles arrivant d'Afrique s'abattent sur le littoral de la Méditerranée, on en détruisait un grand nombre à l'aide de filets. Voy. disc. de la loi, Duvergier, p. 125.

L'usage de gluaux, antérieurement au jour où il devient licite, doit être considéré, non comme une infraction à l'arrêté préfectoral qui l'autorise et qui en cette partie n'est pas en cours d'exécution, mais bien comme la violation de l'art. 9 qui est le droit commun. Ce fait est passible de l'art. 12. C. 27 fév. 1845. D. 45. 1. 169.. C. 4 mai 1848. B. n. 135.

On ne doit considérer comme oiseaux de passage que ceux qui, à des époques déterminées, se transportent par troupes dans des pays lointains. Nîmes, 5 janv. 1860. S. 1860. 2. 47. — D'après une circulaire de 1861, on ne doit pas considérer comme oiseaux de passage : la grive, le merle, l'alouette, le pinson, la mésange et le rouge-gorge.

17. Contravention à l'arrêté prévenant la destruction des oiseaux.

Art. 9. — Art. 11, n. 3. Amende de 16 à 100 fr.

D'après l'art. 9, *les préfets pourront prendre des arrêtés pour prévenir la destruction des oiseaux.*

L'art. 9 a eu pour objet d'établir, dans l'intérêt de l'agriculture, de nouvelles prohibitions propres à assurer la conservation des oiseaux. C. 23 avril 1847. B. n. 81. — Les préfets peuvent défendre l'enlèvement des œufs et des couvées d'oiseaux. Instr. du 20 mai 1844. — L'enlèvement des œufs et des couvées d'oiseaux, autres que ceux des faisans, perdrix et cailles, n'est un délit que dans le cas où cet enlèvement est prohibé par le préfet. C. 10 fév. 1853. B. n. 53.

18. Destruction des animaux déclarés nuisibles.

Art. 9. — Art. 11, n. 3. Amende de 16 à 100 fr.

D'après l'art. 9, *les préfets détermineront les espèces d'animaux malfaisants ou nuisibles que le propriétaire, possesseur ou fermier, pourra en tout temps détruire sur ses terres et les conditions de l'exercice de ce droit.*

Les préfets peuvent, en vertu de l'art. 9, défendre de détruire en temps de neige les animaux nuisibles. C. 30 juill. 1852. B. n. 262.

Lorsque des animaux sauvages ont été déclarés nuisibles par le préfet, il n'y a pas besoin de permis de chasse pour les tuer. Orléans, 15 mai 1851. J. du P. 51. 2. 156.

19. Emploi des chiens lévriers pour la destruction des animaux déclarés nuisibles.

Art. 11, n. 3. Amende de 16 à 100 francs.

D'après l'art. 9, *les préfets pourront prendre des arrêtés pour autoriser l'emploi des chiens lévriers pour la destruction des animaux malfaisants ou nuisibles.*

19. (Suite.)

L'art. 9 prohibe d'une manière virtuelle l'emploi des **chiens** lévriers, et cette prohibition n'est accidentellement levée qu'à la double condition que l'emploi sera autorisé par un arrêté préfectoral, et que cette autorisation aura pour unique objet la destruction des animaux malfaisants ou nuisibles. C. 19 fév. 1846. D. 46. 1. 167. — Est passible de l'art. 11, n. 3, celui qui, mettant à profit l'autorisation temporaire donnée par le préfet, ne se renferme pas dans les limites de cette autorisation. Même arrêt. — L'art. 12, n. 2, est applicable, si l'on emploie des lévriers antérieurement au jour où cela devient licite. C'est une contravention à la prohibition générale de l'art. 9, et non à l'arrêté préfectoral, qui en cette partie n'est pas en cours d'exécution. Même arrêt. — La défense s'applique au lévrier croisé comme au lévrier de pure race. Douai, 19 janv. 1846. D. 46. 2. 60.

20. Droit pour le propriétaire ou fermier de repousser ou de détruire, même avec des armes à feu, toute espèce de bêtes sauvages dans le moment où elles causent du dommage aux propriétés ; pigeons.

D'après l'art. 9, le propriétaire, possesseur ou fermier peut, en tout temps, sans permis de chasse, et indépendamment de tout arrêté préfectoral, repousser ou détruire, même avec des armes à feu, les bêtes fauves dans le moment où elles portent dommage aux propriétés : c'est le droit de légitime défense. — Ce droit de légitime défense est écrit dans la loi, non à titre de concession, mais comme la reconnaissance d'un droit naturel qui n'est soumis à aucune condition. C. 23 juill. 1858. B. n. 211.

Il ressort de la disc. de la loi, Duvergier, p. 130 et suiv., que par bêtes fauves, on doit entendre les bêtes sauvages qui portent dommage aux propriétés. — Le propriétaire, possesseur ou fermier, a le droit de détruire en tout temps et sans permis de chasse, les oiseaux qui causent du dommage à ses récoltes. (Dans l'espèce, des pinsons qui s'étaient jetés dans un champ ensemencé.) Agen, 21 juill. 1852. S. 52. 2. 442. — Les propriétaires dont les prairies souffrent journellement de l'invasion des cerfs, peut tirer et faire tirer sur un de ces animaux dont la présence rendait imminente la réitération du dommage. C. 14 avril 1848. D. 48. 1. 135. — Le tiers qui assiste le propriétaire, possesseur ou fermier, dans la destruction des animaux qui causent du dommage, n'est pas punissable. C. 14 avril 1848. D. 48. 1. 135.

Pigeons. — Lorsqu'il y a un arrêté prescrivant la fermeture des colombiers, on a le droit de les tuer sur son terrain et de se les approprier, puisqu'aux termes de l'art. 2 du décret du 4 août 1789, ils sont alors considérés comme gibier ; voyez cependant Paris, 11 nov. 1857. S. 58. 2. 173.

Lorsqu'il n'existe pas d'arrêté prescrivant la fermeture des colombiers, on a le droit de tuer les pigeons sur son terrain dans le moment où ils causent du dommage aux récoltes (C. 1er août 1829.. D. 29. 1. 317.. Rouen, 14 fév. 1845. D. 45. 2. 57) ; mais on ne peut se les approprier ; les pigeons ne sont pas alors considérés comme gibier, et on doit les laisser sur place.

Celui qui, hors du temps où les pigeons sont considérés comme gibier, les tue, même sur son terrain, et se les approprie, se rend coupable de vol. C. 20 sept. 1823. S. 24. 1. 99. — Se rend aussi coupable de vol, celui qui s'approprie des pigeons qu'il a tués sur le terrain d'autrui, même dans le temps où ils devaient être tenus renfermés. Paris, 11 nov. 1857. S. 58. 2. 173.

Celui qui sans droit tue des pigeons, s'il les laisse sur place, n'est passible que de l'art. 479, n. 1 du code pénal.

21. Chasses et battues aux animaux nuisibles, exécutées en vertu de l'arrêté du 19 pluviôse, an v.

L'arrêté de l'an v admet deux sortes de chasses : les chasses et battues générales ou particulières, objet des art. 2, 3, et 4, et les chasses que les préfets sont autorisés par l'art. 5 à permettre aux particuliers ayant des équipages de chasse. C. 30 juin 1841. D. 41. 1. 401.

D'après les art. 2, 3 et 4 de l'arrêté du 19 pluviôse an v, *il sera fait dans les forêts de l'état et dans les campagnes, tous les trois mois, et plus souvent s'il est nécessaire, des chasses et battues générales ou particulières, aux loups, renards, blaireaux et autres animaux nuisibles. — Ces chasses ou battues seront ordonnées par les préfets de concert avec les conservateurs des forêts, sur la demande de ces derniers et sur la demande des maires. — Les battues ordonnées seront exécutées sous la direction et la surveillance des agents forestiers, qui règleront de concert avec les maires, les jours où elles se feront et le nombre d'hommes qui y seront appelés.*

Dans l'art. 2 de l'arrêté de l'an v, l'expression *les campagnes*, comprend, dans sa généralité, les bois des particuliers. Poitiers, 29 mai 1843. D. 43. 2. 157.. Bourges, 30 mai 1839. D. 40. 2. 47. — D'après une lettre ministérielle, D. 37. 2. 78, les seuls animaux nuisibles dont la destruction est ordonnée par l'arrêté de l'an v, sont les loups, renards, blaireaux, putois et chats sauvages. — Ce n'est que lorsqu'il s'est trop multiplié que le sanglier est considéré comme nuisible, mais il appartient aux préfets de le déclarer tel et d'en autoriser la chasse, même dans les bois des particuliers. Poitiers, 29 mai 1843. D. 43. 2. 157. — Les animaux nuisibles, détruits dans une battue ordonnée par le préfet, appartiennent aux chasseurs qui les ont tués. (Voy. l'espèce.) C. 22 juin 1843. D. 43. 1. 366. — Les habitants convoqués à une battue, sont tenus de s'y rendre sous peine d'une amende de 10 francs ; l'art. 6 de l'arrêt du conseil du 25 fév. 1697, n'a pas été abrogé. C. 13 brumaire an xi. D. A. v. 2. 436. — D'après l'art. 19 de l'ordonnance de 1583, article visé dans l'arrêté de l'an v, c'est aux agents forestiers à faire les convocations. — Les habitants qui ont pris part à une battue, sur convocation faite par un maire en dehors des formes légales, ne peuvent être poursuivis pour délit de chasse ; l'obéissance ne peut leur être imputée à crime. C. 1er fév. 1850. B. n. 42. — Le maire qui, en vertu d'un arrêté préfectoral, fait opérer une battue sur le territoire de sa commune, agit comme fonctionnaire public ; et, dans le cas d'inaccomplissement de certaines formalités, il ne peut pas, aux termes de l'art. 75 de la constitution de l'an viii, être poursuivi sans l'autorisation du conseil d'état. C. 1er fév. 1850. D. 50. 1. 304. — Les chasseurs assistant à une battue faite régulièrement pour la destruction des animaux nuisibles, s'ils transgressent de bonne foi les limites du département, ne commettent pas un délit de chasse. Nancy, 11 mai 1850. J. du P. 50. 2. 73.

21. (Suite.)

D'après l'art. 5 de l'arrêté du 19 pluviôse an v, *les préfets sont autorisés à permettre aux particuliers de leurs départements qui ont des équipages et autres moyens de chasse, de s'y livrer sous l'inspection et la surveillance des agents forestiers.*

Indépendamment des chasses et battues générales ou particulières qui peuvent être ordonnées conformément aux art. 2, 3 et 4 de l'arrêté du 19 pluviôse (voy. ci-dessus), les préfets, en vertu de l'art. 5, peuvent permettre aux particuliers de leurs départements qui ont des équipages de chasse, de chasser aux animaux nuisibles sous l'inspection et la surveillance des agents forestiers. — D'après l'art. 2 de l'arrêté du 19 pluviôse, les préfets peuvent autoriser ces chasses et battues dans les forêts de l'état et dans les campagnes.

L'art. 5 de l'arrêté du 19 pluviôse exige que les particuliers à qui l'administration a permis la chasse aux loups et aux autres animaux nuisibles, ne s'y livrent que sous la surveillance et l'inspection des agents forestiers. C. 30 juin 1841. D. 41. 1. 401.

22. Louveterie

La louveterie est dans les attributions de l'administration des forêts. Ordonnance du 14 sept. 1830. — D'après le décret du 25 mars 1852, les lieutenants de louveterie sont nommés par les préfets. Les commissions sont renouvelées tous les ans. — Les lieutenants de louveterie, s'ils ne sont pas révoqués, peuvent continuer leurs fonctions. Orléans, 11 mai 1840. D. 41. 2. 29.. Bourges, 30 mai 1839. D. 40. 2. 47. — Relativement aux attributions des lieutenants de louveterie. Voy. C. 30 juin 1841. D. 41. 1. 401. C. 12 juin 1847. B. n. 129.. C. 6 juill. 1861. B. n. 144.

En vertu de l'arrêté du 19 pluviôse an v, et du règlement du 20 août 1814, les officiers de louveterie peuvent se livrer à la chasse des animaux nuisibles, dans les forêts de l'état et dans le reste des campagnes, expression qui, dans sa généralité, comprend les bois des particuliers. Poitiers, 29 mai 1843. D. 43. 2. 157. Voy. aussi C. 3 janv. 1840. D. 40. 1. 392. — Si les lieutenants de louveterie doivent être considérés comme ayant, dans leur titre même, une autorisation permanente de se livrer à la chasse des animaux nuisibles, ils ne doivent s'y livrer, conformément à l'art. 5 de l'arrêté du 19 pluviôse, que sous l'inspection et la surveillance des agents forestiers. C. 30 juin 1841. D. 41. 1. 401.. C. 12 juin 1847. B. n. 129. — Le sanglier n'étant pas de sa nature essentiellement nuisible, les lieutenants de louveterie ne peuvent se livrer à la chasse de cet animal, s'ils n'y sont pas autorisés par l'autorité préfectorale. C. 3 janv. 1840. D. 40. 1. 392. — Jugé qu'un lieutenant de louveterie a pu se croire autorisé à chasser le sanglier, lorsque, sur les états dressés par l'administration et dont les officiers de louveterie doivent remplir les colonnes, le sanglier figure parmi les animaux nuisibles. Bourges, 30 mai 1839. D. 40. 2. 47.

La chasse du loup, qui doit occuper principalement les lieutenants de louveterie, ne fournissant pas toujours l'occasion de tenir les chiens en haleine, les louvetiers ont le droit deux fois par mois de chasser à courre le sanglier dans les forêts de l'état faisant partie de leurs arrondissements; mais ils ne peuvent tirer sur le sanglier que dans le cas seulement où cet animal tient aux chiens. (Règlement du 20 août 1814, modifié par l'ordonnance du 24 juill. 1832.) Nancy, 31 janv. 1844. D. 44. 2. 69. — La faculté de chasser à courre le sanglier dans les bois de l'état, accordée à titre exceptionnel aux lieutenants de louveterie, par l'ordonnance du 24 juillet 1832, art. 6, ne s'étend pas aux bois des communes ni aux bois des particuliers. C. 3 janv. 1840. D. 40. 1. 292.

Le privilége de chasser à courre le sanglier dans les forêts de l'état, ne peut s'exercer qu'en temps permis. Décision ministérielle du 22 juin 1840. — Ce privilége n'appartient qu'aux lieutenants de louveterie; ceux-ci n'ont le droit de le déléguer à personne, et les piqueurs eux-mêmes ne peuvent s'en prévaloir, s'ils chassent sans leurs maîtres. Nancy, 31 janv. 1844. D. 44. 2. 69.

Les louvetiers rencontrés chassant dans le territoire qui leur est assigné, sont, à défaut de preuve contraire, présumés chasser aux animaux nuisibles. Nîmes, 9 juill. 1829. D. 31. 2. 208. — Les louvetiers et ceux qui les accompagnent, sont passibles des peines édictées par la loi de 1844, lorsqu'ils se livrent à la chasse, sans observer les règlements de la louveterie. Poitiers, 29 mai 1843. D. 43. 2. 137.. C. 6 juill. 1861. B. n. 144.

Les lieutenants de louveterie et leurs piqueurs sont dispensés de se pourvoir de permis de port d'armes, lorsqu'ils se livrent exclusivement à la chasse des loups et des autres animaux nuisibles. Décision ministérielle du 3 oct. 1823.. Nîmes, 19 juill. 1829. D. 31. 2. 208. — Les lieutenants de louveterie peuvent être poursuivis, sans autorisation du conseil d'état, pour délits commis à raison de leurs fonctions; ils ne sont ni agents du gouvernement, ni dépositaires d'aucune portion de la puissance publique. C. 31 janv. 1837. D. 37. 1. 508.

23. Contraventions aux clauses et conditions du cahier des charges de la part des fermiers de la chasse, soit dans les bois soumis au régime forestier, soit sur les propriétés dont la chasse est louée au profit des communes ou des établissements publics.

Art. 11, n. 5. Amende de 16 à 100 francs.

L'adjudicataire, autorisé à se faire accompagner par certaines personnes, ne peut en emmener d'autres à leur place. C. 8 nov. 1849. B. n. 290.— L'adjudicataire qui introduit dans un bois un nombre de chasseurs excédant celui déterminé par le cahier des charges, encourt seul l'amende. Si la peine devait atteindre d'autres que le fermier, on ne saurait à qui l'appliquer; car la peine ne devrait être prononcée que contre les personnes excédant le nombre permis, et aucun numéro d'ordre n'est établi entre les personnes invitées. Dijon, 21 déc. 1844. S. 45. 2. 97.. C. 29 nov. 1845. B. n. 353. — Mais les chasseurs, pour échapper à l'application de l'art. 11, n. 2, ne pourraient se prévaloir de la permission de l'adjudicataire, si celui-ci n'était pas autorisé par le cahier des charges à rétrocéder son droit. C. 16 juin 1848. B. n. 183. — Jugé aussi que l'individu chassant *seul* dans un bois, ne peut se prévaloir de la permission de l'adjudicataire, alors que celui-ci était seulement autorisé à se faire *accompagner* par un ami. C. 18 août 1849. B. n. 214.. Voy. aussi 31 juill. 1851. B. n. 315. — Voy au n. 3, un arrêt concernant un fait de chasse commis en temps prohibé par un adjudicataire.

23. (Suite.)

Lorsque dans le cahier des charges dressé par l'administration forestière, il est dit : « toute battue faite sans autorisation est interdite, » cette clause emporte interdiction pour l'adjudicataire de chasser à la traque. C. 20 fév. 1847. B. n. 37. — L'interprétation des clauses et conditions d'un cahier de charges, constitue une appréciation de droit, dont le contrôle rentre dans les attributions du tribunal. C. 25 mai 1855. B. n. 175.

24. Mise en vente, vente, achat, transport ou colportage de gibier pendant le temps où la chasse est prohibée.

Art. 12, n. 4. Amende de 50 à 200 francs, et emprisonnement facultatif de 6 jours à 2 mois.

D'après l'art. *4, dans chaque département, il est interdit de mettre en vente, de vendre, d'acheter, de transporter et de colporter du gibier pendant le temps où la chasse n'y est pas permise.*

Le transport du gibier est interdit dans chaque département, pendant le temps où la chasse n'y est pas permise ; peu importe que le gibier soit seulement en transit dans le département où il a été saisi, la loi ne distinguant pas entre le transit et le transport. Paris, 22 nov. 1844. D. 45. 2. 36. — La prohibition s'applique au gibier provenant de France ou de l'étranger, et au gibier vivant comme au gibier mort. S. 44. 2. 282. Voy., toutefois, S. 46. 2. 342. — Les oiseaux d'eau et de passage peuvent être vendus pendant le temps où la chasse en est permise. Instr. du 20 mai 1844.

Est passible de l'art. 12, celui qui a mis du gibier en vente en temps défendu, même avec l'autorisation des agents de police. C. 17 juill. 1857. B. n. 183. — N'est pas coupable de colportage de gibier le facteur d'une entreprise de messagerie qui n'a ni connu ni pu connaître le contenu d'une bourriche qu'il était chargé par son administration de porter à domicile ; la responsabilité doit porter sur le directeur des messageries, ayant seul pouvoir de vérifier les colis. C. 9 déc. 1859. B. n. 269.

Celui qui chasse en temps prohibé dans son enclos, n'a pas, plus que toute autre personne, la faculté de vendre ou de transporter son gibier. Angers, 25 juill. 1853. S. 54. 2. 119.

Le propriétaire qui a détruit une bête fauve, une fouine, portant à sa chose un préjudice actuel, peut en disposer comme bon lui semble, et, par conséquent, la vendre ou l'exposer en vente. Le législateur n'a voulu interdire que le colportage et la vente des animaux ayant le caractère de gibier et pouvant servir à la nourriture de l'homme. C. 23 juill. 1858. B. n. 211. — Les animaux malfaisants, dont le préfet a autorisé la destruction, peuvent être transportés en temps défendu, pourvu qu'ils n'aient pas été tués à l'aide de moyens prohibés par l'administration. Paris, 12 nov. 1845. D. 45. t. 73.

La circonstance que le lapin de garenne a été rangé par le préfet dans la classe des animaux malfaisants, ne dispense pas de l'application de l'art. 12, n. 4, le marchand de volailles qui met en vente des lapins de garenne dans le temps où la chasse n'est pas permise. C. 27 mai 1853, n. 188. — Une circulaire du 25 av. 1862 (D. 62. 3. 64), décide que le colportage et la vente des lapins de garenne peuvent être exceptionnellement autorisés en temps défendu dans les départements où cette mesure paraîtrait nécessaire. —

Une circulaire du 20 nov. 1860 (D. 62. 3. 64) permet, en temps prohibé, le colportage et la vente des grouses, gibier exotique.

Le colportage du gibier peut avoir lieu en temps de neige ; le temps prohibé dont parle l'art. 12, est celui qui s'écoule entre les arrêtés de clôture et d'ouverture de la chasse. C. 22 mars 1845. B. n. 106.. Metz, 8 fév. 1854.

Lorsque la chasse est ouverte, la loi ne prohibe pas la vente du gibier pris à l'aide d'engins prohibés. Le préfet qui fait une pareille défense outrepasse ses pouvoirs, et son arrêté n'est pas obligatoire pour les tribunaux. Grenoble, 26 déc. 1844. D. 45. 2. 43.

L'art. 12 n'est pas applicable à des conserves de gibier dont la préparation remonte à une époque éloignée, la présomption que le gibier est le produit d'un délit, manquant entièrement. C. 21 déc. 1844. B. n. 412.

5. Détention à domicile et port hors du domicile, de filets, engins ou autres instruments de chasse prohibés.

ART. 12, n. 3. Amende de 50 à 200 francs, et emprisonnement facultatif de 6 jours à 2 mois.

Il résulte de la prohibition de chasser autrement qu'à tir et à courre, que la détention de filets destinés à la capture des petits oiseaux, est un délit. C. 4 avril 1846. D. 46. 1. 96. — L'interdiction de détenir tout instrument de chasse prohibé, s'applique nécessairement aux marchands dont l'industrie peut fournir aux délinquants les moyens de violer la loi. Paris, 26 déc. 1844. D. 45. 2. 18.. Limoges, 21 janv. 1858. D. 59. 2. 146. — Il y a délit de la part de celui qui est trouvé détenteur d'une perdrix dite chanterelle et de la cage spéciale pour ce genre de chasse. Orléans, 9 mai 1859. D. 59. 2. 97. — En l'absence d'un arrêté qui réglemente la chasse des animaux nuisibles, la détention d'un piège qui paraît destiné à prendre les fouines et les belettes, ne constitue pas une contravention aux art. 9 et 12. C. 15 oct. 1844. B. n. 346. — La détention d'engins prohibés, par le propriétaire d'un enclos, est punissable. C. 26 avril 1845. D. 45. 1. 269.

6. Les complices des délits de chasse sont passibles des art. 59, 60 et 62 du code pénal.

Les articles 59, 60 et 62 du code pénal contiennent des dispositions générales applicables en matière de chasse. C. 6 déc. 1839. B. n. 374. — La cour de Metz, par arrêt du 16 novembre 1846, a fait l'application des art. 59 et 60 du code pénal à un individu qui, voulant se procurer du gibier, avait envoyé à la chasse un de ses ouvriers. — Le 26 avril 1849, J. du P. 49. 2. 445, la cour de Rouen a condamné un traqueur comme complice (voy. l'espèce). — Celui qui, sciemment, achète du gibier tué en délit par des braconniers avec lesquels il est en relations, se rend complice par recélé. Amiens, 13 janv. 1853. S. 53. 2. 232.

7. En matière de chasse, la bonne foi n'est pas une excuse.

Une infraction à la loi sur la chasse doit être considérée comme participant du caractère de la contravention de police, et un pareil fait ne peut être excusé par l'intention, dès qu'il est reconnu que celui auquel il est imputé, a librement et volontairement procédé à l'acte de chasse dont il a dès lors assumé les conséquences. C. 16 juin 1848. B. n. 183. — Si les délits de chasse existent indépendamment de l'intention, il ne peut cependant y avoir délit que si le fait a été volontaire (voy. l'espèce). C. 9 décembre 1859. B. n. 10. — Celui qui a mis du gibier en vente, en

27. (Suite.)

temps défendu, avec l'autorisation des agents de police, ne peut faire valoir l'excuse de bonne foi. C. 17 juill. 1857. B. n. 272. — Celui qui croyant chasser dans un département où la chasse est ouverte, chasse à son insu dans un département où la chasse est close, ne peut faire valoir l'excuse de bonne foi. C. 12 avr. 1845. B. n. 135. — Les chasseurs assistant à une battue faite régulièrement pour la destruction des animaux nuisibles, s'ils transgressent de bonne foi les limites du département, ne commettent pas un délit de chasse. Nancy, 11 mai 1850. J. du P. 50. 2. 73.

28. Si le délinquant a moins de 16 ans, la peine doit être réduite en vertu des art. 66 et suiv. du code pénal.

Les art. 66 et suiv. du code pénal renferment des principes applicables aux délits de chasse. C. 3 janv. 1844. D. 45. 1. 79. — D'après l'art. 69, lorsque le délit a été commis par un mineur de 16 ans, la condamnation ne peut dépasser la moitié de la peine qui aurait pu être prononcée contre un majeur; mais ce n'est là qu'un maximum au-dessus duquel ne peut être élevée la peine. Quant à la réduction, elle est abandonnée à l'appréciation du juge. C. 3 février 1849. D. 50. t. 58.

29. L'art 463 du code pénal qui admet des circonstances atténuantes, n'est pas applicable aux délits de chasse.

D'après l'art. 20, *l'art. 463 du code pénal ne sera pas applicable aux délits prévus par la présente loi.*

Dans la discussion de la loi, il a été dit que l'emprisonnement ayant été déclaré facultatif dans tous les cas, l'application de l'art. 463 n'était pas nécessaire. Voy. Duvergier, p. 152 et 158.

ART. 14. Faculté de porter au double les peines déterminées par les articles 11, 12 et 13, sans préjudice, s'il y a lieu, de plus fortes peines prononcées par la loi.

30. Peine à prononcer si le délinquant était déguisé ou masqué, s'il a pris un faux nom, s'il a usé de violence envers les personnes, ou s'il a fait des menaces.

L'art 14 ne prévoit que les violences légères et les menaces verbales sans condition.

Les violences et les menaces, lorsqu'elles ont de la gravité, constituent des crimes et des délits distincts, prévus par les articles ci-après du code pénal.

Pour les coups et blessures volontaires envers les particuliers, voyez les articles 309 et suivants. — Les violences légères continuent à être réprimées par l'art. 605 du code de brumaire an IV. C. 14 avril 1821. B. n. 61. — Pour les outrages et violences envers les dépositaires de l'autorité et de la force publique, voy. art. 222 à 234. — Les gardes particuliers sont des agents de la force publique, et, en cette qualité, ils ont droit à la protection spéciale établie par les art. 230 et 231. C. 16 déc. 1841. D. 42 1. 117.

Pour la résistance, la désobéissance et les autres manquements envers l'autorité publique, voy. art. 209 et suivants.

Pour les différents genres de meurtres, voy. art. 295 et suiv.— Le meurtre commis à l'occasion d'un délit de chasse, emporte l'aggravation de l'art. 304. C. 4 sept. 1856. B. n. 307.

Pour les menaces par écrit, et les menaces verbales faites avec ordre ou sous condition, voy. art. 305 et suivants du code pénal. — La simple menace verbale n'est pas punie par le code pénal. C. 9 janv. 1818. B. n. 5. — La menace verbale avec ordre ou sous condition de s'abstenir, de ne pas faire, n'est pas moins punissable aux termes des art. 305 et 307, que si elle avait contenu l'ordre ou la condition de faire. Rouen, 29 fév. 1844. D. 44. 2. 202.

31. Peine à prononcer si le délinquant était porteur d'une arme prohibée.

32. Peine à prononcer si le délinquant est garde champêtre ou forestier d'une commune, garde forestier de l'état ou d'un établissement public. — Quid, si le délinquant est un garde particulier, un maire ou un autre fonctionnaire chargé de surveiller les délits de chasse ?

Un fusil brisé par la crosse et par le canon doit être réputé arme prohibée aux termes de l'art. 3, titre 30 de l'ordonnance de 1669 sur la police de la chasse ; et celui qui en est trouvé porteur, encourt les peines édictées par les art. 1 et 4 de la loi du 24 mai 1834. C. 23 mai 1839. D. 39. 1. 207.

Art. 12, dernier paragraphe. Obligation de porter au maximum les peines déterminées par les articles 11 et 12.

Pour l'application de l'art. 12, il n'est pas nécessaire que les gardes aient commis le délit de chasse sur le territoire soumis à leur surveillance. L'art. 7 leur interdit l'exercice de la chasse hors du territoire soumis à leur surveillance comme sur ce territoire même, et l'art. 12, par la précision et la généralité de ses termes, ne permet ni interprétation ni distinction. C. 4 oct. 1844. D. 45. 1. 221. — Il y a obligation de prononcer à la fois contre les gardes le maximum de l'amende et le maximum de l'emprisonnement ; si l'on agissait autrement, ce ne serait pas appliquer le maximum des peines portées par l'art. 12. Montpellier, 1er juill. 1844. D. 44. 2. 178. — La cour de Metz n'a pas adopté cette jurisprudence rigoureuse, que ne comporte pas le sens grammatical du texte. Voy. arrêts du 15 nov. 1852 et du 14 fév. 1853. — La décision de Montpellier paraît d'ailleurs contraire à l'intention du législateur. Lors de la discussion, il a été dit qu'on n'avait pas admis dans la loi de 1844 d'autre emprisonnement que l'emprisonnement facultatif, et c'est la raison qu'on a fait valoir pour soutenir que l'application de l'art. 463 du code pénal n'était pas nécessaire. Voy. Duvergier, p. 158.

Quid, si le délinquant est un garde particulier, un maire ou un autre fonctionnaire ? — Les gardes particuliers, les maires et les autres fonctionnaires chargés de surveiller les délits de chasse sont-ils passibles de l'art. 198 du code pénal, lorsqu'ils ont commis des délits de chasse sur le territoire soumis à leur surveillance ? — Le 17 août 1860, B. n. 60, la cour de cassation a jugé que les gardes particuliers ne sont passibles ni de l'art. 12 de la loi de 1844 qui ne les comprend pas dans sa nomenclature, ni de l'art. 198 du code pénal, la loi générale ne pouvant être invoquée, lorsque la loi spéciale a disposé. — Les mêmes motifs semblent applicables aux maires et aux autres fonctionnaires.

33. Récidive.

D'après l'art. 14, *les peines, déterminées par les trois articles qui précédent, pourront être portées au double si le délinquant était en état de récidive. Lorsqu'il y aura récidive, dans les cas prévus en l'art. 11, la peine de l'emprisonnement de six jours à trois mois, pourra être appliquée si le délinquant n'a pas satisfait aux condamnations précédentes.*

D'après l'art. 15, *il y a récidive lorsque, dans les douze mois qui ont précédé l'infraction, le délinquant a été condamné en vertu de la présente loi.*

Pour qu'il y ait récidive punissable, d'après l'art. 15 de la loi de 1844, il faut que le délinquant ait déjà été condamné pour délit de chasse dans les douze mois qui ont précédé la nouvelle infraction. C. 21 av. 1855. B. n. 10.

33. (Suite.)

La première condamnation doit avoir été prononcée par un tribunal français. C. 28 nov. 1828. S. 29. 1. 16. — La première condamnation doit être passée en force de chose jugée, au moment où le prévenu a commis le nouveau fait pour lequel il est poursuivi. C. 6 mai 1826. B. n. 92. — Un jugement contre lequel on s'est pourvu en cassation, ne peut servir de base à la peine de la récidive, tant qu'il n'a pas acquis, par le rejet du pourvoi, l'autorité de la chose définitivement jugée. C. 12 mai 1832. D. 32. 1. 307. — Aucune disposition de loi n'oblige le ministère public à signifier au condamné l'arrêt de rejet; et, du moment où cet arrêt est rendu, la décision attaquée reprend toute sa force. C. 31 mai 1834. D. 34. 1. 367.

La condamnation qui a été abolie par une amnistie, ne peut servir à constituer l'état de récidive. C. 7 mars 1844. D. 45. 1. 427. — La prescription de la peine et les lettres de grâce ou de commutation ne détruisent pas la première condamnation qui a été seulement modifiée dans ses effets; elles ne peuvent, par conséquent, dispenser de la peine encourue pour récidive. C. 4 juill. 1828. D. 28. 1. 313.

Pour appliquer la peine de la récidive, il faut avoir sous les yeux une expédition de la première condamnation ou une mention authentique de son contenu (C. 28 février 1846. D. 46. t. 438); — le certificat du directeur de la prison ne suffit pas (C. 6 août 1829); — l'aveu de l'accusé ne suffit pas. C. 18 août 1853. B. n. 413. — La récidive a pu être prouvée par la production d'un extrait du casier judiciaire, confirmé par l'aveu du prévenu. C. 4 fév. 1860. B. n. 29. — Le ministère public peut prouver par témoins que l'accusé a déjà été condamné sous un autre nom. C. 10 juill. 1828. J. P.. C. 23 juin 1853. B. n. 223. — Sur l'appel du ministère public, il faut prononcer les peines de la récidive, bien que le jugement qui l'établit, soit alors produit pour la première fois. C. 8 fév. 1821. B. n. 27.

En matière régie par le code pénal, les principes relatifs à la récidive peuvent se résumer ainsi : — Suivant l'art. 56, on est en récidive lorsqu'après avoir été condamné à une peine afflictive ou infamante, on commet un crime entraînant, soit une peine afflictive ou infamante, soit une peine correctionnelle. C. 6 fév. 1858. B. n. 37. — Suivant l'art. 57, on est en récidive lorsqu'après avoir été condamné pour un crime ayant entraîné, soit une peine afflictive ou infamante, soit une peine correctionnelle, on commet un délit, ou un crime entraînant une peine correctionnelle. C. 28 août 1845. B. n. 273. — Suivant l'art. 58, on est en récidive lorsqu'après avoir été condamné à un emprisonnement de plus d'une année, soit pour délit, soit pour crime, on commet un délit. C. 11 août 1860. B. n. 191. — On n'est pas en récidive légale, lorsqu'après avoir été condamné à une peine correctionnelle pour un délit ou pour un crime, on commet un crime entraînant une peine afflictive ou infamante.

Pour qu'un individu condamné précédemment par un conseil de guerre, soit en récidive aux termes des art. 56, 57 et 58, il faut que les faits qui ont été réprimés en vertu de la loi militaire, soient prévus également par le code pénal, les crimes et délits purement militaires n'entraînant pas l'aggravation de la récidive ; le juge doit, d'ailleurs, dans l'application des art. 56 , 57 et 58 , rechercher comment les faits punis en vertu de la loi militaire, eussent été qualifiés et punis en vertu du code pénal. Voyez C. 10 janv. 1861, B. n. 8.. C. 30 mars 1861. B. n. 68.. C. 2 fév. 1832 , B. n. 36.

34. Peine à prononcer si le délinquant s'est rendu coupable de plusieurs délits. — Prohibition du cumul des peines.

D'après l'art. 17, *en cas de conviction de plusieurs délits prévus par la présente loi, par le code pénal ordinaire ou par les lois spéciales, la peine la plus forte sera seule prononcée. Les peines encourues pour des faits postérieurs à la déclaration du procès-verbal de contravention pourront être cumulées, s'il y a lieu, sans préjudice des peines de la récidive.*

Par déclaration du procès-verbal, on entend la notification faite même verbalement à l'auteur du délit. Voy. Duvergier, p. 15.

L'art. 365 du code d'inst. auquel se réfèrent les arrêts ci-après annotés, est ainsi conçu : *En cas de conviction de plusieurs crimes ou délits, la peine la plus forte sera seule prononcée.*

En cas de conviction de crimes ou délits punissables de peines d'une *nature différente*, on peut reconnaître laquelle des peines encourues est légalement la plus forte, en recourant aux art. 7, 8 et 9 du code pénal, où les peines sont classées suivant l'ordre de leur gravité. C. 24 avril 1847. B. n. 85.

Le principe général, établi par l'art. 365, est applicable à toutes les infractions atteintes de peines criminelles ou correctionnelles, qui n'en ont pas été exceptées par les dispositions de la loi, ou par le caractère de réparations civiles, attaché aux amendes en matière fiscale. C. 8 mars 1852. B. n. 151.. C. 26 août 1853. B. n. 431.

Les amendes sont en général des peines ; elles ne peuvent donc pas plus être cumulées que les peines corporelles, à moins qu'elles ne soient prononcées à titre de restitution. C. 2 juin 1838. B. n. 153.. C. 28 fév. 1857. B. n. 89. — Cependant les amendes encourues pour contraventions de police, doivent être cumulées ; l'art. 365 n'est applicable qu'aux crimes ou délits. C. 7 mars 1857. B. n. 107.

On ne peut pas cumulativement condamner un chasseur à une peine d'amende pour délit de chasse, et à une peine corporelle pour violences sur la personne d'un garde. C. 6 mars 1856. B. n. 95.. C. 12 janvier 1860. B. n. 9.

Lorsque deux délits sont punissables d'amende ou d'emprisonnement, il faut, si une peine pécuniaire paraît suffisante, prononcer la plus forte des deux amendes, lors même que l'art. de loi contenant l'amende la plus forte, contient l'emprisonnement le plus faible. C. 10 avr. 1841. B. n. 91.

Lorsqu'un prévenu est déclaré coupable de deux crimes ou délits dont le moins grave emporte une peine accessoire, l'art. 365 ne met pas obstacle à ce que cette peine soit prononcée cumulativement avec la peine principale la plus forte. C. 24 avril 1847. B. n. 85.. C. 13 mai 1853. B. n. 162. — Jugé que si un indi-

34. (Suite.)

vidu est condamné pour un délit de chasse et pour un délit ordinaire, la confiscation du fusil peut être prononcée cumulativemen
avec la peine principale, appliquée en vertu du code pénal. Poitiers, 20 mai 1843. D. 43. 2. 168. C. 13 mars 1856. B. n. 104.

Pour que l'art. 365 soit applicable, il n'est pas nécessaire qu
les faits incriminés soient jugés simultanément et par les même
tribunaux; il suffit que le fait incriminé ait été commis antérieu
rement à une condamnation (définitive) intervenue contre l'accus
pour un fait différent. C. 24 juin 1837. D. 37. 1. 529.

Si, après une condamnation à l'emprisonnement, le préven
poursuivi pour un fait antérieur, est condamné aux travaux forcés, peine plus forte et d'une *nature différente*, il faut ordonne
que l'emprisonnement se confondra dans les travaux forcés. C
8 mars 1833. S. 33. 1. 366. — C'est la peine la plus faible qu
doit se confondre dans la plus forte. C. 18 janv. 1850. B. n. 25.

Après une condamnation aux travaux forcés, un individu
poursuivi pour un fait antérieur, ne peut être condamné à l'emprisonnement, peine moins forte et d'une *nature différente;* on doit s
borner à condamner le prévenu aux frais. C. 18 juin 1829. B. n. 130

Lorsqu'après une condamnation, un individu est poursuiv
pour un fait antérieur, entraînant une peine de la *même nature*
on peut prononcer une nouvelle peine, pourvu qu'on n'excèd
pas le maximum de la loi applicable au fait actuellement incriminé, et pourvu encore que la peine nouvelle, réunie à l'ancienne
n'excède pas le maximum de la loi applicable au fait jugé précédemment. Voy. C. 23 juin 1832. B. n. 228.. C. 4 juin 1836. B. n
181.. C. 18 oct. 1845. B. n. 328.. C. 24 avr. 1856. B. n. 157. — L
nouvelle peine peut être moindre que son minimum légal (dan
l'espèce, 1 an de travaux ajouté à une précédente condamnatio
de 5 ans). C. 15 mars 1828. B. n. 83. — On peut aussi déclare
la première peine suffisante et ne condamner qu'aux dépens. Voy
l'espèce. C. 27 avr. 1832. B. n. 148.

L'art. 365 n'est pas applicable lorsque le fait incriminé est pos
térieur à la condamnation du prévenu; on doit alors appliquer la lo
sans tenir compte de la première peine, laquelle peut être effacé
par un acte de la puissance souveraine ou par l'effet d'un
révision. C. 17 mars 1848. B. n. 70.

35. Cas où le tribunal doit prononcer la confiscation des instruments de chasse, leur destruction,
et leur apport au greffe ou le dépôt d'une somme pour en tenir
lieu.

D'après l'art. 16, *tout jugement de condamnation prononcera l
confiscation des filets, engins et autres instruments de chasse; il or
donnera, en outre, la destruction des instruments de chasse pro
hibés. Il prononcera également la confiscation des armes, except
dans le cas où le délit aura été commis par un individu muni d'u
permis de chasse, dans le temps où la chasse est autorisée. Si les ar
mes, filets, engins ou autres instruments de chasse n'ont pas été saisi
le délinquant sera condamné à les représenter ou à en payer l
valeur, suivant la fixation qui en sera faite par le jugement, san
qu'elle puisse être au-dessous de 50 francs.*

Sur l'appel seul de l'administration forestière, la confiscatio
des armes doit être prononcée. C. 28 janv. 1847. D. 47. t. 67.

Il faut prononcer la confiscation de l'arme, lorsque le fait d chasse a eu lieu en temps de neige, malgré la défense préfectorale. L'arrêté pris en vertu de l'art. 9, doit produire, quant à la confiscation de l'arme, les mêmes effets que l'arrêté général pris en vertu de l'art 3. C. 3 juill. 1845. B. n. 218.. C. 3 janv. 1846. B. n. 6.

On doit prononcer la confiscation, lors même que c'est un fusil de garde nationale. Douai, 15 déc. 1834. D. 38. 2. 150.

La circonstance que le prévenu a refusé de montrer son fusil au garde, n'autorise pas les juges à le condamner à payer une somme de..., et à le priver ainsi de son droit d'option de représenter l'arme ou d'en payer la valeur. Limoges, 26 mars 1857. S. 59. 2. 359.

La circulaire du 9 mai 1844 recommande de ne pas recevoir au greffe des fusils hors de service.

L'art. 16 qui ordonne la destruction des instruments de chasse ne s'applique pas à un chien lévrier. Paris, 21 janv. 1846. Gaz. des Trib. du 23 janv. 1846.

La confiscation et la destruction sont des peines accessoires qui peuvent être cumulées. Voy. n. 34.

La confiscation du fusil, ou le dépôt d'une somme pour tenir lieu de cette arme, ne rentre pas dans les condamnations à la charge de la personne civilement responsable. En matière de chasse, la confiscation ne peut pas être assimilée aux dommages-intérêts, c'est une peine (article 11 du code pénal). C. 6 juin 1850. B. n. 188.

Faculté pour le tribunal de ... r le délinquant du droit d'ob-... un permis.

D'après l'art. 18, *en cas de condamnation pour délits prévus par la présente loi, les tribunaux pourront priver le délinquant du droit d'obtenir un permis de chasse pour un temps qui n'excèdera pas cinq ans.*

La privation du droit d'obtenir un permis de chasse est une peine accessoire qui peut être cumulée. Voy. n. 30, p. 32.

Dommages-intérêts. — De-... de en dommages formée par ... aignant contre le prévenu, ou ... e prévenu contre le plaignant.

D'après l'art. 16 § 5, *la quotité des dommages est laissée, dans tous les cas, à l'appréciation des tribunaux.*

Le plaignant ne peut obtenir de dommages que lorsqu'il s'est constitué partie civile. Voy. les notes n° 59.

Les art. 2 et 3 du code d'instr. n'attribuent aux tribunaux correctionnels le pouvoir de prononcer sur l'action civile, que lorsqu'elle a pour objet la réparation du dommage résultant, pour la partie plaignante, du délit commis à son préjudice. C. 9 déc. 1843. B. n. 305. — Les tribunaux correctionnels sont incompétents pour statuer sur les actions en garantie formées par le prévenu contre des tiers. C. 9 décembre 1843. B. n. 305.

En règle générale, les tribunaux correctionnels ne peuvent statuer sur l'action civile résultant d'un délit, qu'accessoirement à l'action publique. En conséquence, le tribunal ne peut accorder de dommages, s'il se déclare incompétent (C. 17 mai 1834. B. n. 147); si le prévenu est acquitté (C. 2 mai 1851. B. n. 162); si l'action publique est éteinte par la prescription (Montpellier, 3 avril 1848. D. 48. 2. 145), ou par le décès du prévenu. C. 23 mars 1839. B. n. 102. — Le décès du prévenu pendant l'instance d'appel, ne dessaisit pas la cour de l'action civile.

37. (Suite.)

C. 24 août 1854. B. n. 264. — Voyez aussi 16 juin 1860. B. n. 137.

Le tribunal, saisi d'une affaire, doit caractériser les faits et statuer sur les dommages, lors même qu'aucune peine ne peut être prononcée, soit à cause d'une ordonnance d'amnistie rendue depuis les poursuites (C. 30 janv. 1830. D. 30. 1. 97), soit à cause d'une condamnation antérieure prononcée contre le prévenu. C. 18 juin 1841. B. n. 180.

Les tribunaux de répression doivent statuer sur la demande en dommages par le jugement même qui statue sur la prévention (art. 161 du code d'instr.). C. 22 août 1844. J. du P. 46. 1. 146. — Mais, après avoir appliqué la pénalité au prévenu, et reconnu qu'il est dû des dommages à la partie civile, le juge peut ordonner une mesure d'instruction propre à éclairer sa conscience. C. 7 juil. 1855. B. n. 243. — Les juges correctionnels peuvent ordonner, conformément à l'art. 128 du code de procédure civile, que les dommages seront déterminés d'après l'état que fournira la partie civile. C. 7 juill. 1855. B. n. 243. — La difficulté d'apprécier un dommage ne rend pas non recevable l'action en réparation du dommage. C. 15 juin 1833. B. n. 238.

D'après l'art. 51 du code pénal, les tribunaux ne peuvent, même du consentement de la partie civile, prononcer l'application des dommages à une œuvre quelconque.

Sur l'appel, la partie civile peut augmenter sa demande en dommage, lorsque le préjudice s'est aggravé depuis le jugement (art. 464 du code de proc. civ.). C. 23 nov. 1827. B. n. 287.

Le tribunal qui acquitte le prévenu, peut lui accorder des dommages contre la partie civile. C. 2 avril 1842. B. n. 77.

Le prévenu ne peut obtenir de dommages contre le plaignant par voie de simples conclusions reconventionnelles prises à l'audience ; il faut, pour que le tribunal puisse statuer, que l'action civile ait été régulièrement introduite, selon l'art. 64, selon l'art. 145, ou selon l'art. 147 du code d'instr. C. 7 déc. 1854. B. n. 336.

38. Frais à supporter par le prévenu, par la personne civilement responsable, par la partie civile, par l'administration forestière. Honoraires des avocats et des avoués.

Frais à supporter par le prévenu. — Voy. art. 162 et 194 du code d'instruction.

Le prévenu déclaré non coupable ne peut, sous aucun rapport, être condamné aux frais. C. 6 mars 1846. D. 46. 1. 168.

Celui qui, poursuivi pour un délit de chasse sans permis, justifie à l'audience qu'il avait un permis de chasse, ne peut être condamné aux frais sous prétexte que cette justification tardive avait rendu nécessaire l'instance correctionnelle. Même arrêt.

Il faut condamner aux frais celui qui, poursuivi pour un délit, n'a été reconnu coupable que d'une contravention. C. 25 avril 1833. B. n. 151.

L'accusé poursuivi pour plusieurs délits, s'il est condamné sur certains chefs et acquitté sur d'autres, doit-il être condamné à tous les frais? Un arrêt du 27 janv. 1838. D. 38. 1. 443, le décide affirmativement; mais il semble résulter d'un arrêt du 3 fév. 1855, B. n. 31, qu'il ne doit en être ainsi que dans le cas où les incriminations se confondent. Voyez aussi C. 19 av. 1860. B. n. 103.

Lorsque plusieurs individus ont été poursuivis collectivement pour les mêmes faits, l'arrêt qui statue par suite d'un même débat, doit condamner les accusés qui succombent à tous les frais, même à ceux concernant les accusés acquittés (C. 12 déc. 1849. D. 49. 1. 209.. C. 17 août 1861. B. n. 186) ; les débats sont indivisibles et la ventilation des frais impossible. C. 18 avril 1850. B. n. 139. — Voyez toutefois C. 19 av. 1860. B. n. 103.

Il faut condamner aux frais l'individu déclaré coupable d'un fait prescrit (C. 21 août 1845. D. 45. 1. 382), et l'individu de moins de 16 ans, acquitté faute de discernement. C. 11 oct. 1845. B. n. 321.

Il ne faut pas condamner aux frais le prévenu acquitté à raison de son état de démence (C. 10 mai 1843. D. 43. t. 248), ou à raison de ce qu'il a agi sous l'empire d'une contrainte morale. C. 27 janv. 1838. B. n. 33.

Le prévenu condamné doit payer les frais du procès-verbal même annulé (C. 2 déc. 1824. D. 25. 1. 97), et les frais des témoins dont le tribunal a jugé l'audition inutile. C. 3 sept. 1831. B. n. 206.

Les frais d'un jugement par défaut et de l'opposition doivent être mis à la charge du prévenu, même acquitté sur son opposition. C. 4 juin 1830. D. 30. 1. 395.

L'appelant qui se désiste doit supporter tous les frais jusqu'au désistement, y compris le coût de l'arrêt qui en a donné acte. C. 24 mars 1848. D. 48. t. 324.

Doit être condamné aux frais d'appel le prévenu qui a appelé, même incidemment, lorsque sur l'appel il n'a pas été acquitté. Peu importe qu'il ait obtenu une réduction de la peine; il y a toujours condamnation. Combinez C. 2 fév. 1827. D. 27. 1. 380.. C. 15 nov. 1830. D. 31. 1. 10.. C. 10. fév. 1853, B. n. 53.

Le prévenu qui n'a pas appelé, ne peut être condamné aux frais d'appel que si son sort a été aggravé. Combinez C. 22 nov. 1828. D. 29. 1. 26.. C. 24 mai 1832. D. 32. 1. 346.. C. 28 av. 1854. B. n. 126.

L'accusé qui, après cassation, est de nouveau condamné, ne doit pas supporter les frais de la procédure annulée (C. 27 avril 1850. B. n. 139), ni les frais de l'arrêt de cassation. C. 21 déc. 1849. B. n. 352.

Frais à supporter par la personne civilement responsable.
ART. 194 du code d'instr. — La personne civilement responsable doit être condamnée aux frais du procès, quoiqu'il n'y ait pas de partie civile en cause. C. 13 déc. 1856. B. n. 396.

Frais à supporter par la partie civile, à moins qu'elle ne justifie de son indigence. — Voy. art. 157 et suivants du décret du 18 juin 1811.

Lorsque la partie civile succombe, elle doit être condamnée aux frais envers le prévenu et envers l'état. Si elle gagne son procès, elle doit encore être condamnée aux frais envers l'état; mais elle obtient son recours contre le prévenu pour le remboursement de ces frais, et pour le remboursement de ceux qu'elle a elle-même déboursés. C. 12 nov. 1829. B. n. 259.. C. 7 déc. 1837. B. n. 423. — Les frais dont la partie civile obtient le remboursement, doivent être taxés d'après le tarif criminel. Bourges, 16 janv. 1841.

38. (Suite.)

D. 43. t. 251. — Relativement aux frais de voyage et de port de pièces mis à la charge de la partie civile qui a succombé, voy. C. 15 avr. 1853. B. n. 132.

La partie civile, poursuivant un délit de chasse commis sur son terrain sans son consentement, ne doit pas supporter les frais d'une poursuite incidente exercée par le ministère public pour défaut de permis de chasse. Nancy, 15 janv. 1840. D. 40. 2. 133.

La partie civile qui ne s'est désistée qu'après les 24 heures de son intervention, est tenue de payer tous les frais qui ont eu lieu tant après qu'avant son intervention (art. 66 du code d'instr., et art. 157 du décret de 1811). C. 5 mai 1845. D. 45. t. 293.. C. 1er juill. 1853. B. n. 338.

Frais à supporter par l'administration forestière. — Les administrations, assimilées aux parties civiles par l'art. 158 du décret de 1811, doivent supporter les frais des poursuites exercées dans leur intérêt par le ministère public, mais cela ne s'entend que d'un intérêt matériel et pécuniaire. C. 19 mars 1830. D. 30. 1. 175.

Honoraires des avocats et des avoués. — D'après l'art. 3 du décret de 1811, ces honoraires ne peuvent être compris dans les frais à la charge de l'état et des administrations (C. 2 avril 1836. B. n. 106); mais cette disposition est étrangère au règlement des frais entre la partie civile et le prévenu, et la partie qui a eu de justes motifs pour recourir au ministère d'un avoué, peut répéter de son adversaire qui succombe, les droits et honoraires de l'avoué, tels qu'ils sont réglés en matière sommaire. C. 12 mars 1852. B. n. 88, et C. 27 juin 1861. B. n. 131.

Les avoués, quand ils occupent en police correctionnelle, peuvent demander la distraction des dépens qu'ils affirment avoir avancés. C. 23 janv. 1858. B. n. 18. — L'avoué de première instance, à qui la distraction des frais n'a pas été accordée, peut l'obtenir en appel, sur la demande de l'avoué de la cour, sans être obligé d'intervenir pour renouveler son affirmation. Limoges, 10 juin 1835. D. 38. 2. 205.

Frais mis à la charge du ministère public. — Le ministère public, défenseur des intérêts généraux, ne peut jamais être condamné aux dépens. C. 1er mars 1851. B. n. 83.. C. 15 mai 1857. B. n. 194. — Le ministère public ne peut être condamné qu'à des dommages-intérêts, et par la voie de la prise à partie. C. 28 avr. 1827. D. 27. 1. 408.

39. Solidarité.

D'après l'art. 27, *ceux qui auront commis conjointement les délits de chasse, seront condamnés solidairement aux amendes, dommages-intérêts et frais.* — Voy. art. 55 du code pénal.

Un délit de chasse sans permis ne peut être commis conjointement par plusieurs individus; il est personnel, et ne peut entraîner de condamnations solidaires. Paris, 24 oct. 1844. J. du P. 45. 2. 718. Contrà, Orléans, 24 mars 1851. D. 52. 2. 112.

Il ne peut y avoir de condamnation solidaire que contre les individus poursuivis collectivement, et déclarés, par suite d'un même débat, coupables des mêmes délits (C. 25 sept. 1856. B. n. 322..

30 août 1860. B. n. 215), ou de délits distincts déclarés connexes. C. 28 sept. 1849. B. n. 261.

Les individus poursuivis collectivement pour les mêmes faits, et reconnus coupables, doivent être condamnés solidairement à tous les frais, même à ceux concernant les accusés acquittés. C. 12 oct. 1849. S. 50. 1. 573.

Le mineur de 16 ans, déclaré coupable et acquitté faute de discernement, doit être condamné solidairement avec ses co-accusés condamnés pour les mêmes faits. C. 25 mars 1843. S. 43. 1. 614.

Lorsque des individus ont été poursuivis collectivement pour plusieurs délits et condamnés, si l'un d'eux n'est déclaré coupable que d'un seul fait, il ne peut être condamné solidairement qu'aux dépens de ce fait unique. C. 21 août 1846. B. n. 218.. C. 11 avr. 1856. B. n. 150.— Lorsque deux prévenus poursuivis collectivement, sont déclarés coupables de délits distincts (non déclarés connexes), il ne faut pas prononcer la solidarité. C. 28 sept. 1849. B. n. 261.. C. 4 nov. 1854. B. n. 308.

Quand il n'y a pas lieu à solidarité, il appartient aux juges d'arbitrer la portion de frais à laquelle doit être condamné chacun des prévenus qui succombent. C. 13 juin 1845. B. n. 197. — Et cette appréciation échappe à la censure de la cour de cassation. C. 20 déc. 1851. B. n. 535.

Pour que la solidarité soit prononcée, il n'est pas nécessaire que les délits aient été commis par suite d'un concert prémédité. C. 8 oct. 1813. D. A. v. 9. 668. — Il n'est pas nécessaire non plus que les accusés aient été condamnés à la même peine. Même arrêt. — L'art. 27 de la loi de 1844 ne distingue pas entre les degrés de culpabilité des prévenus. C. 13 août 1853. B. n. 405.

Sur le seul appel de la partie civile, la solidarité pour les dépens et les dommages doit être prononcée contre les prévenus condamnés pour un même délit. C. 15 juin 1844. D. 44. 1. 385. — Sur le seul appel des condamnés, on peut prononcer la solidarité pour les amendes. C. 19 juill. 1855. B. n. 255.

En matière de contraventions, la solidarité ne peut être prononcée pour l'amende, l'art. 55 du code pénal ne disposant que pour les crimes et délits, mais elle doit être prononcée pour les frais, d'après l'art. 156 du décret du 18 juin 1811. C. 12 mai 1849. B. n. 108.

Lorsqu'il y a plusieurs parties civiles, chacune est tenue solidairement des frais, sans pouvoir opposer au trésor la division, sauf son recours contre les autres. Paris, 5 mai 1845. D. 45. t. 293.

40. Contrainte par corps ; condamné, partie civile, personne civilement responsable.

Contrainte par corps ; prévenu. — Lorsque le prévenu est déclaré coupable, si les condamnations pécuniaires, au profit de l'état ou de la partie civile, s'élèvent à 300 fr., il faut, et même d'office, fixer la durée de la contrainte par corps (dans la limite de 6 mois à 5 ans; et si le prévenu a commencé sa 70e année avant le jugement, dans la limite de 3 mois à 3 ans. Voy. art. 7 et 40 de la loi du 17 avr. 1832, et art. 8 du décret du 13 déc. 1848. C. 14

40. (Suite.)

juill. 1853. B. n. 358.. C. 2 janv. et 10 avr. 1862. B. n. 2 et 108.

Pour composer la somme de 300 francs, il faut réunir aux frais le montant de l'amende (C. 24 août 1843. B. n. 215), et le montant des dommages. C. 9 sept. 1842. B. n. 238. — Lorsqu'il y a plusieurs accusés, il suffit que les condamnations prononcées solidairement s'élèvent à 300 fr. pour qu'on doive fixer la contrainte; peu importe que la part de chacun des prévenus soit inférieure à 300 fr. C. 6 avr. 1848. J. du P. 50. 1. 337.

La contrainte ne peut être prononcée au profit du conjoint et de certains parents du condamné. Voy. les art. 19 de la loi de 1832 et 10 du décret de 1848. — S'il y a lieu de fixer la contrainte contre le mari et contre la femme condamnés simultanément, voy. art. 11 du décret de 1848.

Si le prévenu est un mineur de 16 ans, voyez art. 9 § 3 du décret de 1848. — Le mineur de 16 ans, déclaré coupable, mais acquitté faute de discernement, n'est pas contraignable (art. 2064 du code civil). C. 25 mars 1843. B. n. 68.

Le prévenu ne peut invoquer les lettres de grâce pour se soustraire à la contrainte. Nancy, 21 nov. 1845. J. du P. 48. 2. 591.

Les militaires qui ne sont pas en activité de service, sont contraignables par corps. Paris, 7 janv. 1851. J. du P. 51. 1. 396.

Le jugement qui fixe la durée de la contrainte par corps, doit déterminer le montant des condamnations pécuniaires. C. 15 juin 1843. B. n. 150. C. 20 déc. 1861. B. n. 280. — Mais cette détermination n'est pas nécessaire si l'amende seule s'élève à 300 fr. C. 11 janv. 1839. B. n. 16.

La juridiction correctionnelle, qui a omis de prononcer la contrainte par corps, peut, par une décision postérieure, réparer cette omission. C. 12 juin 1857. B. n. 225. — Les juges d'appel doivent fixer la durée de la contrainte par corps au profit de l'état, lorsque les premiers juges ont omis de le faire; peu importe qu'il n'y ait appel que de la part du condamné. C. 23 juin 1837. S. 38. 1. 137. — Jugé que la cour ne peut statuer sur la contrainte, si, repoussant l'appel par une fin de non recevoir, elle ne connaît pas du fond. C. 12 juin 1857. B. n. 225.

Sur le seul appel de la partie civile, on doit fixer en sa faveur la durée de la contrainte par corps. C. 15 juin 1844. D. 44. 1. 385.

Contrainte. Partie civile et personne civilement responsable.

Les parties civiles et les personnes civilement responsables, ne sont contraignables que comme en matière civile, pour dommages-intérêts excédant 300 francs (article 126 du code de proc.). Voyez 11 févr. 1843. B. n. 34. — L'application de l'art. 126 du code de proc. est facultative. Même arrêt. — Le jugement qui condamne à la contrainte, en vertu de l'art. 126 du code de proc., doit être motivé. C. 18 sept. 1862. B. n. 232.

41. Responsabilité civile du père, de la mère, du tuteur, des maîtres et commettants, des propriétaires d'animaux.

D'après l'art. 28, *le père, la mère, le tuteur, les maîtres et commettants sont civilement responsables des délits de chasse commis par leurs enfants mineurs non mariés, pupilles demeurant avec eux, domestiques ou préposés, sauf tout recours de droit. Cette responsabilité sera réglée conformément à l'art. 1384 du code civil, et ne s'appliquera qu'aux dommages-intérêts et frais, sans pouvoir toutefois donner lieu à la contrainte par corps.* Voy. art. 74 du code pénal.

Si la personne civilement responsable est seule poursuivie par le ministère public, le juge doit non la relaxer, mais surseoir à statuer, et fixer le délai dans lequel l'auteur du délit sera mis en cause, les tribunaux correctionnels ne pouvant statuer, sur l'action civile, qu'autant qu'ils sont saisis de l'action publique (art 1 et 3 du code d'instr.). C. 31 janv. 1833. B. n. 28.. C. 11 sept. 1818. S. 19. 1. 117.

Lorsque l'action est éteinte contre le prévenu, le ministère public ne peut poursuivre la partie civilement responsable. C. 2 août 1828. D. 28. 1. 368.

Responsabilité civile du père, de la mère et du tuteur. — Le père qui a permis l'exercice de la chasse à son fils âgé de 19 ans et habitant avec lui, doit répondre du dommage que son fils peut causer par son imprudence. Caen, 2 juin 1840. J. du P. 43. 2. 121. — Le père peut être déclaré responsable du dommage causé par son fils mineur, habitant avec lui, bien qu'au moment de l'événement, celui-ci fût sous la surveillance d'un maître d'école (C. 29 déc. 1831. D. 33. 1. 16); bien que le fils fût allé avec sa mère habiter une ville voisine pour y suivre ses études. C. 16 août 1841. D. 41. 1. 342. — Dans une espèce où le père vivait depuis longtemps éloigné de sa famille, on a jugé que la responsabilité pesait sur la mère. Nimes, 20 mai 1858. S. 58. 2. 430. — La circonstance que le père se trouvait, par suite de maladie, dans l'impossibilité de surveiller son fils, ne l'excuse pas, si antérieurement il n'a pas cherché à réprimer ses écarts. C. 29 mars 1827. D. 27. 1. 397. — Le père est responsable des actes du fils majeur en état de démence, quoique non interdit, demeurant avec lui. Lyon, 27 mai 1840. D. 41. 2. 2. — Le père et la mère sont admis à prouver qu'ils n'ont pu empêcher le fait dommageable (art. 1384 du code civil). C. 22 nov. 1813. S. 14. 1. 24.

Si l'enfant est dans une maison d'éducation, c'est le chef de l'établissement qui est civilement responsable, sauf son recours contre les père et mère ou tuteur, en établissant qu'il n'a pu ni prévoir ni empêcher le délit. Voyez art. 79 du décret du 15 nov. 1811.

Responsabilité civile des maîtres et des commettants. — Le maître est responsable de son domestique qui laisse chasser un chien lévrier. (Voy. l'espèce.) Nancy, 18 déc. 1844. G. des Trib. du 30 janv. 1845. — Le maître de deux domestiques est responsable de l'accident causé par l'un d'eux dans les travaux dépendant de son service, et dont l'autre a été victime. C. 28 juin 1841. D. 41. 1. 271. — Les administrations publiques sont civilement responsables des faits de leurs préposés, conformément à l'art. 1384 du code civil. C. 30 janv. 1833. D. 33. 1. 55.

Les maîtres sont responsables civilement de tous les faits punissables dont leurs domestiques se rendent coupables dans l'exercice de leurs fonctions; ils ne sont pas comme le père et la mère, admis à prouver qu'ils n'ont pu empêcher le fait dommagea-

41. (Suite.)

ble. C. 28 juin 1841. D. 41. 1. 271.. C. 11 mai 1846. D. 46. 1. 192.

Le maître est recevable à intervenir devant la juridiction correctionnelle pour prendre le fait et cause du prévenu qui n'a agi que par son ordre. Il appartient aussi au prévenu de provoquer au besoin cette intervention. C. 7 janv. 1853. B. n. 7.

Lorsqu'il s'agit d'une simple contravention, la personne civilement responsable, si elle assume la responsabilité du fait, peut être condamnée en l'absence du contrevenant. C. 24 mars 1848. J. du P. 48. 2. 51.

Responsabilité des propriétaires d'animaux. — L'action réservée au plaignant par l'art. 11 § 5, en cas de dommage causé par des chiens courants, n'est subordonnée qu'à la condition du dommage causé. (Voy. l'espèce.) C. 26 mai 1852. S. 52. 1. 569. — Le propriétaire qui élève et conserve des lapins dans ses bois, peut être condamné à réparer le dommage causé par ces animaux. C. 7 mars 1849. D. 49. 1. 149.. C. 7 nov. 1849. S. 50. 1. 57. — Celui qui a la chasse d'un bois, dans lequel se trouvent des lapins et des lièvres, peut être déclaré responsable des dégâts causés par ces animaux sur les propriétés voisines. C. 24 juill. 1860.

CONSTATATION DES DÉLITS DE CHASSE.

42. Fonctionnaires compétents pour rédiger des procès-verbaux de chasse. — Gratification due aux gardes et gendarmes rédacteurs des procès-verbaux.

D'après l'art. 22, les différents délits prévus par la loi de 1844, peuvent être constatés par les maires et adjoints, commissaires de police, officiers, maréchaux des logis ou brigadiers de gendarmerie, gendarmes, gardes forestiers, gardes-pêche, gardes champêtres, ou gardes assermentés des particuliers.—Relativement au délit de vente et de colportage de gibier en temps prohibé, il peut encore, d'après l'art. 23, être constaté par les employés de l'octroi et des contributions indirectes, agissant dans la limite de leurs attributions respectives. — Les délits peuvent encore être constatés par d'autres fonctionnaires que ceux indiqués ci-dessus; voy. art. 9 du code d'instruction.

Les gardes particuliers n'ont caractère pour dresser des procès-verbaux que dans le territoire pour lequel ils sont assermentés (C. 4 mars 1828. B. n. 141) ; — même décision pour les gardes forestiers. C. 9 mai 1828. D. 28. 1. 242. — Un garde champêtre n'a pas qualité pour constater les délits forestiers commis dans les bois de l'état. C. 13 janv. 1849. B. n. 10. — Les gardes champêtres ont le droit de constater, sur leur territoire, les délits forestiers commis dans les bois des particuliers et dans les bois des communes. Toulouse, 19 avr. 1860. S. 60. 2. 274. — Les délits de chasse dans les bois soumis au régime forestier, sont assimilés aux délits forestiers. C. 24 janv. 1855. B. n. 1.

Les gardes champêtres, comme officiers de police judiciaire, doivent prêter, devant le tribunal de leur arrondissement, le serment professionnel prescrit par le code rural de 1791, et le serment politique prescrit par la loi de 1830 (aujourd'hui par le décret de 1852); l'omission de l'un de ces serments vicie les procès-verbaux. C. 1er sept. 1843. B. n. 229.

Un garde particulier ne reçoit pas le caractère d'officier de police judiciaire de sa seule commission, mais de l'acte de l'autorité compétente qui l'agrée en cette qualité et du serment qu'il prête en justice. C. 14 mars 1862. B. n. 77. — Après la mort du propriétaire qui l'a fait assermenter, un garde particulier peut, du consentement du nouveau propriétaire et sans nouvelle commission, continuer l'exercice de ses fonctions. C. 14 mars 1862. B. n. 77.

Les gendarmes peuvent verbaliser partout; l'ordonnance du 29 oct. 1820 les charge d'assurer l'exécution des lois dans toute la France. Voy. C. 8 nov. 1838. B. n. 351.

L'art. 10 promet une gratification aux gardes et gendarmes rédacteurs des procès-verbaux; voy. dans Dalloz, 45, 3, 122, l'ordonnance des 5-19 mai 1845 concernant cette gratification, et indiquant les personnes qui y ont droit.

43. Les gardes ne doivent ni arrêter ni désarmer les chasseurs.

D'après l'art. 25, *les délinquants ne pourront être saisis ni désarmés; néanmoins, s'ils sont déguisés ou masqués, s'ils refusent de faire connaître leurs noms, ou s'ils n'ont pas de domicile connu, ils seront conduits immédiatement devant le maire ou le juge de paix, lequel s'assurera de leur individualité.*

Le refus par un délinquant de déclarer son nom et son domicile, autorise le garde à le conduire devant le maire ou le juge de paix, et, par conséquent, à employer la force, s'il y a résistance. Bourges, 14 avr. 1853. S. 53. 2. 720.

44. Les gardes doivent décrire les armes des délinquants.

L'instruction du 20 mai 1844, recommande aux fonctionnaires qui verbalisent, de décrire les armes des délinquants.

45. Les gardes ne doivent pas saisir le gibier dont les chasseurs sont porteurs.

Dans la discussion de la loi, il a été dit qu'on ne doit pas saisir le gibier dont les chasseurs sont porteurs. — La circonstance qu'un garde cherche à s'emparer du gibier d'un chasseur, en supposant que cela excède ses pouvoirs, n'autorise pas le chasseur à menacer le garde de son fusil. Bourges, 14 avr. 1853. S. 53. 2. 720.

46. Les gardes ne peuvent fouiller un individu pour rechercher s'il a sur lui des engins prohibés.

Fouiller un individu trouvé dans un bois, même hors des chemins, et saisir sur lui des engins dont rien ne révélait la présence, est un abus de pouvoir de la part du garde, et le procès-verbal frappé de nullité ne peut servir de base à des poursuites. Rouen, 17 avr. 1859. S. 59. 2. 83.

47. Ce qu'il faut faire des armes et engins abandonnés par des délinquants.

D'après l'art. 16 § 4, *les armes, engins ou autres instruments de chasse abandonnés par les délinquants restés inconnus, seront saisis et déposés au greffe du tribunal compétent; la confiscation, et s'il y a lieu, la destruction en seront ordonnées sur le vu du procès-verbal.*

48. Ce qu'il faut faire du gibier colporté ou mis en vente, qui aura été saisi.

D'après l'art. 4, *le gibier sera saisi et immédiatement livré à l'établissement de bienfaisance le plus voisin, en vertu soit d'une ordonnance du juge de paix, si la saisie a eu lieu au chef-lieu du canton, soit d'une autorisation du maire, si le juge de paix est absent, ou si la saisie est faite dans une commune autre que celle du chef-lieu; cette ordonnance ou cette autorisation sera délivrée sur la requête des agents qui auront opéré la saisie, et sur la présentation du procès-verbal.*

49. Chez quelles personnes est-il permis de se livrer à la recherche du gibier, en temps défendu?

D'après l'art. 4 § 3, *la recherche du gibier ne pourra être faite à domicile que chez les aubergistes, chez les marchands de comestibles et dans les lieux ouverts au public.*

49. (Suite.)

Cette recherche pourra être faite par les différents fonctionnaires dont parle l'art. 22 ; mais d'après l'art. 23, les employés des octrois et des contributions indirectes ne pouvant verbaliser que dans les limites de leurs attributions respectives, il en résulte que ces employés ne peuvent constater à domicile la détention de gibier que dans les seuls cas où ce domicile leur est ouvert pour l'exercice de leurs fonctions ordinaires ; ainsi les employés des contributions indirectes ne pouvant faire de visite chez les aubergistes qui se sont rachetés de l'exercice par l'abonnement, n'auront pas le droit de s'y transporter pour y rechercher du gibier en temps prohibé. Voy. instr. du 20 mai 1844.

50. Conditions pour la validité du procès-verbal constatant la détention d'engins prohibés dans une habitation ou dans l'enclos y attenant.

La loi de 1844 n'ayant indiqué aucun mode spécial pour rechercher à domicile les engins prohibés, il faut s'en référer au droit commun ; en conséquence, c'est au juge d'instruction ou à son délégué qu'il appartient, sur les réquisitions du ministère public, de faire des perquisitions chez les citoyens. Voy. discussion de la loi, Duvergier, p. 149. — A Paris, la perquisition à domicile et la saisie d'engins prohibés, peuvent être valablement faites en vertu d'un mandat du préfet de police. Paris, 26 déc. 1844. D. 45. 2. 18. — Dans le cas de flagrant délit, le juge d'instruction, le procureur impérial et les officiers de police auxiliaires, peuvent d'office se livrer à des visites dans une habitation ou dans l'enclos y attenant. Voy. Rouen, 1er févr. 1845. D. 45. 2. 35.. Metz, 5 mars 1845. S. 45. 2. 237.. Douai, 4 nov. 1847. D. 50. C. 392.—Aux termes de l'art. 41 du code d'instruction, le flagrant délit est celui qui se commet actuellement ou qui vient de se commettre ; et l'existence dans la demeure d'un individu d'engins prohibés, sans aucune circonstance extérieure propre à révéler la possession actuelle de ces engins, ne peut constituer le flagrant délit. Rouen, 1er févr. 1845. D. 45. 2. 35. — Lorsqu'on a pénétré illégalement chez un citoyen, la perquisition et le procès-verbal constatant le délit, sont frappés de nullité et ne peuvent servir de base légale à une action. Même arrêt. — Jugé que la découverte de filets prohibés dans la demeure d'un citoyen, par des gardes forestiers y pénétrant sous le faux prétexte de rechercher du bois de délit, ne peut donner lieu à aucune poursuite. Tribunal d'Épinal. 31 oct. 1844. D. 45. 3. 34.

Les gardes forestiers, procédant à une visite *qui n'est pas le complément d'une opération forestière*, sont sans droit pour pénétrer dans une maison et pour y rechercher des engins prohibés. C. 17 juill. 1858. B. n. 202.—Est valable la saisie d'engins prohibés opérée par hasard dans le cours d'une visite domiciliaire, régulièrement faite, pour trouver des bois de délit. C. 18 déc. 1845. B. n. 367.

51. Conditions pour la validité du procès-verbal constatant la chasse à l'aide d'engins prohibés dans un enclos attenant à une habitation.

Pour que le procès-verbal constatant l'usage d'engins prohibés dans un enclos soit valable, il faut, si le rédacteur n'avait pas autorité pour s'introduire dans l'enclos, que le délit ait pu être constaté de l'extérieur. Limoges, 5 mars 1857. S. 57. 2. 282.

52. Rédaction des procès-verbaux.

Les procès-verbaux doivent constater la nature, les circonstances, le temps, le lieu des délits et des contraventions, ainsi que les preuves et les indices qui auront pu être recueillis. Voy. art. 16 du code d'instr. — Ces indications ne sont pas prescrites à peine de nullité. C. 13 février 1824. B. n. 30.

Les officiers de police judiciaire ne sont pas tenus de déclarer dans leurs procès-verbaux, qu'ils étaient revêtus de leurs insignes lors de la constatation des délits. C. 14 février 1840. B. n. 58.

Les gardes champêtres qui ne peuvent rédiger eux-mêmes leurs rapports, doivent, à peine de nullité, les faire écrire par un des fonctionnaires ayant caractère à cet effet (C. 27 déc. 1832. B. n. 512), c'est-à-dire par les juges de paix, leurs suppléants ou leurs greffiers, par les commissaires de police, par les maires ou leurs adjoints (lois de 1790 et de 1791). C. 10 févr. 1843. D. 43. 1. 228. — Le maire qui a écrit un procès-verbal sous la dictée d'un garde, doit signer cet acte. C. 5 févr. 1825. B. n. 22. — Un maire, incapable d'écrire lui-même le rapport d'un garde, peut le faire écrire, en sa présence, par le secrétaire de la mairie, et ensuite légaliser l'acte par sa signature. C. 19 mars 1830. B. n. 68. — Est nul le procès-verbal signé par un garde qui ne l'a pas écrit, lorsque rien ne constate que ce procès-verbal a été écrit par un fonctionnaire ayant qualité. C. 5 mars 1835. B. n. 78.

Les gardes forestiers peuvent faire écrire leurs procès-verbaux par les personnes qui leur conviennent ; il suffit qu'ils signent ces actes (art. 165 du code forestier). C. 18 juin 1829. B. n. 133.

D'après l'art. 78 du code d'instr., les surcharges, ratures, renvois et interlignes doivent être approuvés. — Dans un procès-verbal, les renvois sont suffisamment approuvés par le parafe du rédacteur. C. 17 décembre 1847. B. n. 12. — Le défaut d'approbation de mots surchargés n'entraîne pas la nullité du procès-verbal, lorsque ces mots sont étrangers aux parties substantielles de l'acte. C. 9 févr. 1811. J. du P.

Les lois et règlements déterminent les diverses formalités auxquelles sont assujétis les procès-verbaux, selon les diverses matières touchant lesquelles ils interviennent. C. 18 juin 1842. B. n. 154.

53. Affirmation des procès-verbaux de chasse. Timbre et enregistrement.

D'après l'art. 24, *dans les 24 heures du délit, les procès-verbaux des gardes seront, à peine de nullité, affirmés par les rédacteurs devant le juge de paix ou l'un de ses suppléants, ou devant le maire ou l'adjoint, soit de la commune de leur résidence, soit de celle où le délit aura été commis.*

Les procès-verbaux des gardes forestiers sont aujourd'hui régis exclusivement par l'art. 24. Ils doivent être affirmés dans les 24 heures. L'énonciation précise de l'heure à laquelle l'affirmation a eu lieu, est dès lors la condition absolue et irritante de l'accomplissement de cette formalité substantielle. C. 4 sept. 1847. B. n. 208.. C. 7 sept. 1849. B. n. 235.

L'art. 24 n'exige pas, comme l'art. 165 du code forestier, que dans le cas où le garde n'a pas écrit le procès-verbal et l'a seulement signé, l'officier public qui reçoit l'affirmation, lui donne préalablement lecture du procès-verbal et fasse mention de cette formalité. Dijon, 18 déc. 1844. J. du P. 45. 2. 120. — Aucune loi

53. (Suite.)

n'exige la mention de la qualité du fonctionnaire qui reçoit l'affirmation ; il suffit que cette qualité soit constante. C. 17 janv. 1845. B. n. 18.

Timbre et enregistrement des procès-verbaux. — D'après l'article 74 de la loi du 25 mars 1817, les procès-verbaux des gardes champêtres et forestiers, autres que ceux des particuliers, seront visés pour timbre et enregistrés en debet, lorsqu'il n'y aura pas de partie civile poursuivante, sauf à suivre le recouvrement des droits contre les condamnés. — Un procès-verbal intéressant la vindicte publique, ne peut être annulé pour défaut d'enregistrement et pour défaut de timbre du papier sur lequel il est écrit. C. 31 mars 1848. B. n. 92.

54. Les procès-verbaux de chasse font foi jusqu'à preuve contraire.

D'après l'art. 22, les procès-verbaux dressés par les fonctionnaires dont parle cet article, feront foi jusqu'à preuve contraire. — D'après l'art. 23, les procès-verbaux des employés des contributions indirectes et des octrois, feront également foi jusqu'à preuve contraire, lorsque dans la limite de leurs attributions respectives, ces agents rechercheront et constateront les délits prévus par le paragraphe 1er de l'art. 4.

Il résulte de la discussion de la loi (Duvergier, p. 160), que tous les procès-verbaux de chasse, en y comprenant ceux des agents de l'administration forestière, ne doivent faire foi que jusqu'à preuve contraire. — La loi, par l'art. 22, accorde foi aux procès-verbaux des fonctionnaires y désignés, mais seulement, et dans tous les cas, jusqu'à preuve contraire. Dijon, 18 déc. 1844. D. 45. 2. 61.—Dans un procès-verbal, le renvoi approuvé par le paraphe du rédacteur emporte la même foi que le surplus du procès-verbal (art. 78 du code d'instr.), lors même qu'il est écrit avec une autre encre et qu'il n'est pas paraphé par le receveur de l'enregistrement. C. 17 déc. 1847. B. n. 299. — Lorsqu'un procès-verbal a été égaré, il peut en être dressé un second qui a la même foi. C. 16 août 1849. B. n. 203.

La confiance que la loi accorde au contenu des procès-verbaux ne s'applique qu'aux faits matériels, que les rédacteurs ont pu constater par l'usage des sens ou par des moyens propres à en vérifier l'exactitude. C. 29 janv. 1825. S. 25. 1. 280.. C. 18 août 1854. B. n. 259.

55. Comment un procès-verbal cru jusqu'à preuve contraire, peut-il être combattu ?

La foi due au procès-verbal qui est cru jusqu'à preuve contraire, ne peut être détruite que par des preuves contraires, soit testimoniales, soit écrites. C. 1er juin 1833. B. n. 217.

La preuve testimoniale, contraire au procès-verbal, peut résulter de la déposition d'un seul témoin. C. 11 déc. 1851. B. n. 517.

Un procès-verbal cru jusqu'à preuve contraire, ne peut être infirmé : par des témoignages qui n'ont pas eu lieu sous la foi du serment (C. 6 juin 1851. D. 51. t. 446), par une visite de lieux par le juge, lorsque cette visite n'a pas été faite régulièrement (C. 27 sept. 1833. B. n. 411), par un rapport d'experts qui n'ont pas prêté le serment prescrit. C. 9 oct. 1834. B. n. 338.

En présence d'un procès-verbal qui fait foi jusqu'à preuve contraire, le tribunal ne peut pas acquitter le prévenu, en se fon-

dant sur l'abandon de la prévention par le ministère public (C.
3 mars 1853. B. n. 69), en substituant son appréciation aux faits
constatés par le procès-verbal (C. 7 et 14 juill. 1849. D. 49. t.
329), en se fondant sur la notoriété publique (C. 31 mars 1848.
S. 48. 1. 452.. C. 28 mars 1862. B. n. 99), en se fondant sur des
documents qu'il ne spécifie pas (C. 1er juin 1844. D. 45. t. 431),
en se fondant sur des certificats émanés du rédacteur du procès-
verbal, et contenant l'énonciation de faits contraires à ceux men-
tionnés dans le procès-verbal (C. 5 fév. 1846. D. 46. t. 425), en
se fondant sur la dénégation du prévenu. C. 16 janv. 1841. J. du
P. 43. 1. 194. — La foi due au procès-verbal ne peut être détruite
par la connaissance personnelle des faits que le juge aurait acquise
en dehors de l'audience. C. 9 août 1838. D. 38. t. 245.. C. 3 août
1849. B. n. 192.

Le juge correctionnel ne peut s'arrêter devant une inscription
de faux, laquelle ne peut être formalisée contre un procès-verbal
ne faisant foi que jusqu'à preuve contraire. C. 18 juill. 1861. B. n. 154.

Lorsque le procès-verbal a été combattu par la preuve contraire,
le tribunal est maître souverain d'apprécier les faits. C. 14 juill.
1849. B. n. 165.

Lorsqu'un procès-verbal ne fait pas foi jusqu'à preuve contraire
(dans l'espèce un procès-verbal rédigé par un garde sans qualité),
le tribunal peut le rejeter comme incapable de faire aucune preuve,
et, en l'absence de toute autre justification par la partie poursuivante, renvoyer le prévenu. C. 18 oct. 1827. S. 28. 1. 194.

56. Possibilité de suppléer aux procès-verbaux par des témoignages et par l'aveu du prévenu. D'après l'art. 21, *les délits prévus par la présente loi seront prouvés, soit par procès-verbaux ou rapports, soit par témoins, à défaut de rapports et procès-verbaux, ou à leur appui.*

Lorsque la partie poursuivante offre de suppléer au procès-
verbal par l'audition de témoins, le juge, s'il ne tient pas le fait
pour certain, est obligé d'admettre la preuve testimoniale. C. 8
juin 1844. D. 45. t. 430. Voy. aussi C. 24 janv. 1852. B. n. 35. — La
preuve doit être admise en appel comme en première instance. C.
3 juill. 1840. B. n. 193. — Le ministère public peut demander à
faire entendre des témoins jusqu'au prononcé du jugement. C.
11 nov. 1843. D. 45. t. 498. — Lorsqu'une remise de cause a été
accordée au ministère public pour faire entendre des témoins, le
tribunal peut refuser une nouvelle remise, s'il lui paraît qu'un
délai convenable a été accordé, et que l'affaire est suffisamment
instruite. C. 4 nov. 1841. D. 42. 1. 104.

Si le ministère public n'a pas offert de suppléer au procès-verbal
par l'audition de témoins, le tribunal n'est pas obligé d'attendre
pour statuer, jusqu'à ce que la preuve testimoniale ait été pro-
duite. C. 4 sept. 1847. B. n. 208. — Lorsque le tribunal, en annulant le procès-verbal, délaisse au ministère public à se pourvoir ainsi qu'il avisera, ce jugement n'est pas définitif sur le fond,
et l'affaire peut revenir avec audition de témoins. C. 11 août 1831.
D. 31. 1. 301.

Le tribunal qui annulle un procès-verbal, ne peut se dispenser
d'apprécier les dépositions entendues à l'appui, ainsi que les

56. (Suite.)

explications ou aveux du prévenu. C. 18 décembre 1845. B. n. 367. — On ne peut renvoyer des poursuites en annulant le procès-verbal, lorsque la preuve du délit résulte de l'aveu du prévenu. C. 5 février 1825. B. n. 22. Voy. les notes au n. 69[s].

POURSUITE ET JUGEMENT.

57. Poursuite par le ministère public; ministère public compétent. — Poursuite des délits de chasse; cas où la poursuite ne peut avoir lieu sans une plainte de la partie lésée. — Modes de poursuite du ministère public; son indépendance.

Les procureurs impériaux sont chargés de la poursuite de tous les délits dont la connaissance appartient aux tribunaux correctionnels. Voy. art. 22 et 179 du code d'instr. — Toutefois, en matière de contributions indirectes et d'octroi, c'est à l'administration qu'appartient l'initiative des poursuites. C. 12 août 1853. B. n. 402. — Le ministère public a qualité pour agir par voie d'action dans les affaires de douane, qui sont de la compétence des tribunaux correctionnels. Voy. C. 24 nov. 1828. S. vol. 9, p. 188.

Sont également compétents pour poursuivre: le procureur impérial du lieu du délit, celui de la résidence du prévenu et celui du lieu où le prévenu pourra être trouvé. Voy. art. 23 du code d'inst.

Les officiers du ministère public ne sont pas astreints à diriger des poursuites d'office sur des faits qui n'intéressent pas directement l'ordre public. C. 8 déc. 1826. S. vol. 8, p. 479.

Lorsqu'une plainte est nécessaire pour autoriser la poursuite, le ministère public n'est pas lié par la qualification donnée au fait par le plaignant. C. 5 juin 1845. B. n. 190. — Dès qu'une plainte a été portée, l'action publique est ouverte, et le plaignant ne peut l'arrêter en se désistant. C. 28 mai 1852. B. n. 174.

L'amnistie abolit les délits, les poursuites et les condamnations, sauf le droit des tiers. C. 11 juin 1825. B. n. 114. — L'amnistie étant un pardon ne peut avoir en vue que les délits commis au moment où elle est donnée (C. 20 avril 1833. B. n. 149); elle ne s'applique pas au fait commis antérieurement à l'amnistie, et continué depuis. C. 20 oct. 1832. D. 33. 1. 183.—Lorsque l'instance est engagée contre l'auteur d'un délit, l'amnistie qui survient, éteint l'action publique; mais le tribunal de répression, déjà saisi, reste compétent pour statuer sur les demandes de la partie civile. C. 30 janv. 1830. D. 30. 1. 97.—L'amnistie est une faveur, et le prévenu qui se prétend innocent, est libre de ne pas l'invoquer. C. 25 nov. 1826. D. 27. 1. 349.

La chose jugée sur un fait considéré exclusivement comme crime, n'empêche pas ultérieurement la répression du délit que présente ce fait (C. 16 juill. 1842. B. n. 181.. C. 20 avril 1850. B. n. 134); l'individu, acquitté pour viol, peut être poursuivi pour outrage public à la pudeur (C. 8 fév. 1851. B. n. 59); l'accusée acquittée pour infanticide, peut être poursuivie pour homicide involontaire. C. 0 juin 1854. B. n. 187. — Une ordonnance de non-lieu, non suivie d'opposition, a toute l'autorité de la chose jugée. C. 18 sept. 1834. D. 34. 1. 426. — Les décisions de la juridiction civile sur les exceptions, n'ont l'autorité de la chose jugée au correctionnel que lorsqu'il s'agit de questions préjudicielles sortant de la compétence des tribunaux de répression. C. 28 nov. 1840. B. n. 341. — La question jugée au civil n'est pas un obstacle aux poursuites du ministère public ; il n'y a dans les deux instances, ni identité de parties ni identité d'objets. C. 12 déc. 1857. B. n. 398.

Poursuite des délits de chasse par le ministère public ; cas où la poursuite ne peut avoir lieu sans une plainte de la partie lésée.

D'après l'art. 26, *tous les délits prévus par la loi de 1844 seront poursuivis d'office par le ministère public, sans préjudice du droit conféré aux parties lésées par l'art. 182 du code d'instruction criminelle ; néanmoins, dans le cas de chasse sur le terrain d'autrui sans le consentement du propriétaire, .la poursuite d'office ne pourra être exercée par le ministère public sans une plainte de la partie intéressée, qu'autant que le délit aura été commis dans un terrain clos suivant les termes de l'art. 22, et attenant à une habitation, ou sur des terres non encore dépouillées de leurs fruits.* '

Il y a pour le ministère public faculté de poursuivre les délits de chasse et non obligation. Voy. disc. de la loi, Duvergier, p. 165.

On voit par l'art. 26 que le ministère public peut poursuivre d'office tous les délits de chasse. Il n'y a d'exception qu'à l'égard du délit de chasse commis sur le terrain d'autrui, sans autre circonstance que le défaut du consentement du propriétaire ou de ses ayants-droit; dans ce cas il faut une plainte de la partie intéressée. Voy. disc. de la loi, Duvergier, p. 165.

La remise au parquet du procès-verbal dressé par le garde de l'adjudicataire de la chasse équivaut à une plainte. Besançon, 9 janv. 1844. D. 45. t. 77. — Une plainte anonyme ne satisfait pas à l'art. 26. Rouen, 8 sept. 1848. G. des Trib. du 13 sept. 1848.

Le ministère public peut poursuivre d'office et sans plainte du propriétaire : les délits de chasse commis dans les bois soumis au régime forestier (C. 9 janv. 1846. D. 46. 1. 74), — les délits de chasse dans les chemins de bornage faisant partie de ces bois (C. 22 janv. 1829. J. du P.), les délits de chasse sur les rivières navigables et flottables. C. 20 mars 1858. B. n. 103. — Quant aux délits de chasse sur les terrains communaux, non en nature de bois, ne faut-il pas une plainte du maire ? Voy. C. 22 juin 1815. J. du P.

Modes de poursuite du ministère public.

Le ministère public est arbitre du choix entre la citation directe et l'information préalable ; il peut requérir une information lors même qu'il existe des procès-verbaux faisant preuve par eux seuls. C. 24 avril 1828. S. 28. 1. 438.

Le ministère public, après avoir saisi le juge d'instruction, ne peut ni se désister (C. 17 déc. 1824. B. n. 193), ni procéder par voie de citation directe. C. 7 juin 1821. B. n. 88.

Le ministère public qui a saisi directement le tribunal, ne peut pas le dessaisir en renonçant à son action. C. 6 déc. 1834. B. n. 393.

Indépendance du ministère public.

Il est de l'essence du ministère public d'être indépendant dans l'exercice de ses fonctions. C. 27 nov. 1828. B. n. 312.

Hors les cas prévus par l'art. 11 de la loi du 20 avril 1810 et par l'art. 235 du code d'instr., les tribunaux ne peuvent enjoindre au ministère public de poursuivre. C. 27 nov. 1828. B. n. 312.

57. (Suite.)

Les officiers du ministère public dont la conduite serait répréhensible, ne peuvent être rappelés à leurs devoirs que par le ministre de la justice ou par le procureur général (art. 60 et 61 de la loi du 20 avril 1810). C. 20 oct. 1835. B. n. 401. — Les tribunaux n'ont pas le droit de censurer le ministère public. C. 7 août 1818. S. 18. 1. 440.. C. 16 déc. 1859. B. n. 279.. C. 4 mai 1861. B. n. 100.

58. Poursuite des délits de chasse par l'administration forestière. — Droit d'action de l'administration, selon que le délit est prévu par le code forestier ou par le code pénal; modes de poursuite.

L'administration forestière a qualité pour poursuivre : les délits de chasse commis dans les bois soumis au régime forestier (C. 21 août 1852. B. n. 293.. C. 3 avril 1862. B. n. 101), — les délits de chasse dans les chemins de bornage dépendants de ces bois (C. 22 janv. 1829. J. du P.), — les délits de chasse sur les rivières navigables et flottables (C. 20 mars 1858. B. n. 103); peu importe que les délits aient été commis en temps non prohibé, que la chasse soit affermée et que l'adjudicataire ne se plaigne pas. C. 22 fév. 1844. B. n. 61.. C. 10 avril 1844. S. 45. 1. 16.

Depuis la loi de 1844, l'administration forestière a qualité pour poursuivre les délits de chasse sans permis, commis dans les bois soumis au régime forestier. C. 21 août 1852. B. n. 293.

Droit d'action de l'administration forestière, selon que le délit est prévu par le code forestier ou par le code pénal. — Modes de poursuite.

Lorsqu'il s'agit de délits prévus par le code forestier, et les délits de chasse sont assimilés à ces délits, l'administration a qualité pour exercer à la fois l'action publique et l'action civile (C. 4 janv. 1855. B. n. 1); elle peut donc agir au correctionnel pour l'application de la peine et pour la condamnation aux dommages-intérêts. C. 8 mai 1835. J. du P. 35. 2. 154.

En matière forestière, l'action publique appartient tant à l'administration qu'au ministère public. Ces deux autorités peuvent l'exercer ensemble ou séparément. Dès que l'action est mise en mouvement par une citation, ou conservée par un appel à la requête de l'une, elle peut être suivie par l'autre. C. 24 déc. 1858. B. n. 324.

Si le délit commis dans un bois soumis au régime forestier, est prévu, non par le code forestier, mais par le code pénal, l'administration ne peut pas exercer l'action publique pour l'application de la peine ; elle ne peut poursuivre au correctionnel que, comme partie civile, pour la condamnation aux dommages-intérêts. C. 4 janv. 1855. B. n. 1.

Les agents particuliers de l'administration, chargés de poursuivre, n'ont pas qualité pour agir en leur nom. Aux termes de l'art. 159 du code forestier, les citations et poursuites doivent être exercées au nom de l'administration, ou au nom du directeur général qui la représente légalement. C. 21 mars 1840. B. n. 88.

L'administration forestière peut faire faire par ses gardes toutes citations et significations d'exploits. C. 7 déc. 1849. D. 49. t. 40.

59. Poursuite par le plaignant. — Personnes ayant qualité pour se plaindre d'un délit de chasse. — Obligation pour celui qui veut obtenir des dommages, de se

Le plaignant peut porter sa demande en dommages devant le tribunal correctionnel ou devant le tribunal civil (art. 182 et 3 du code d'instr.); mais, s'il agit au civil, il ne peut ensuite agir au correctionnel. C. 11 février 1832. B. n. 57.

59. (Suite.)

constituer partie civile: formalités, élection de domicile, consignation de frais, caution judicatum solvi. — Modes de poursuite de la partie civile, citation directe, intervention à l'audience, intervention devant le juge d'instruction.

Après une ordonnance d'amnistie dont l'effet est d'anéantir le délit (C. 11 juin 1825. B. n. 114), la partie civile ne peut plus agir au correctionnel, à moins que le tribunal n'ait été saisi de la demande en dommages-intérêts, antérieurement à l'ordonnance. Voyez C. 30 juin 1830. D. 30. 1. 97.

Lorsque le plaignant poursuit au correctionnel pour obtenir des dommages, il doit prouver qu'il y a eu un fait délictueux prévu par la loi pénale, et que ce fait lui a causé un préjudice. Voy. les notes au n. 37. — Si le plaignant poursuit au civil, il lui suffit de prouver qu'il a été commis à son égard un fait dommageable, dans le sens des art. 1382 et suiv. du code civil. — Relativement aux effets sur le civil des jugements rendus au criminel, voyez, en cas d'acquittement, C. 3 juill. 1844. J. du P.. Rennes, 16 déc. 1846. J. du P. 47. 1. 251.. Paris, 7 mai 1858. J. du P. 1129 ; voyez, en cas de condamnation, C. 5 nov. 1818. J. du P.. Limoges, 20 février 1846. J. du P. 47. 1. 444.. C. 27 mars 1839. J. du P.

Personnes ayant qualité pour se plaindre d'un délit de chasse.

Le droit de porter plainte appartient à celui à qui la chasse a été louée ; et la location peut être établie par toutes les preuves admises par la loi civile (art. 1714 du code civil). C. 13 déc. 1855. B. n. 398. — On peut prouver la location par écrit sous seing privé, même non enregistré au moment du procès-verbal. Metz, 1er mars 1854. S. 56. 2. 31.

Le fermier d'un bien rural, à qui la chasse n'a pas été louée, ne peut agir au correctionnel à raison d'un délit de chasse commis sur le terrain qui lui est affermé. Il n'a d'action que pour réparation du dommage causé à sa récolte, et cette action doit être portée devant le tribunal civil. Angers, 14 août 1826. D. 27. 2. 6.

Obligation pour le plaignant qui veut obtenir des dommages-intérêts de se constituer partie civile ; formalités, élection de domicile, consignation des frais, caution judicatum solvi.

Celui qui veut obtenir des dommages doit se constituer partie civile.

Pour se constituer partie civile, une femme mariée a besoin de l'autorisation de son mari (C. 30 juin 1808. B. n. 137); mais la nullité, fondée sur le défaut d'autorisation, ne peut être opposée que par la femme, par le mari et par leurs héritiers (art. 215 du code civil). C. 28 sept. 1838. B. n. 324.

On peut se constituer partie civile en tout état de cause, jusqu'à la clôture des débats. Voy. art. 67 du code d'instr.

Le plaignant peut, même après avoir déposé comme témoin, être admis à se porter partie civile, lorsque surtout le tribunal déclare écarter la déposition. C. 7 janvier 1837. D. 37. 1. 223.

Un plaignant n'est pas recevable à se porter partie civile en appel pour la première fois ; ce serait priver le prévenu d'un degré de juridiction. C. 17 juill. 1841. S. 41. 1. 779.. C. 10 fév. 1853. B. n. 52.

En matière correctionnelle, la partie civile n'est pas tenue de se faire assister par un avoué. C. 28 fév. 1849. D. 50. t. 11.

La partie civile qui réclame des dommages-intérêts au correc-

59. (Suite.)

tionnel, n'est pas obligée d'appeler dans l'instance soit le tuteur ou le curateur du prévenu mineur ou interdit, soit le conseil judiciaire du prodigue, soit les syndics du failli ou le mari de la femme mariée. C. 15 janv. 1846. B. n. 21.. C. 9 mai 1846. B. n. 117.. C. 29 mars 1849. B. n. 67.

Le plaignant qui se constitue partie civile, est passible des frais de l'instance (voyez n. 38), et passible de dommages-intérêts envers le prévenu acquitté; voy. n. 37.

Le plaignant, après s'être constitué partie civile, peut se désister dans les 24 heures. Voy. art. 66 et 67 du code d'instr.

La constitution de la partie civile ne peut résulter que d'une déclaration positive, ou de conclusions à fin de dommages-intérêts (voy. art. 66 du code d'instr.). C. 2 mai 1840. J. du P. 40. 2. 540.

La partie civile qui poursuit par voie de citation directe, doit faire élection de domicile dans la ville où siége le tribunal (voy. art. 183 du code d'instr.); il semble qu'il doit en être de même, quand la partie civile intervient à l'audience. — Lorsque la partie civile intervient devant le juge d'instruction, si elle ne demeure pas dans l'arrondissement du tribunal où se fait l'information, elle doit élire domicile soit dans cet arrondissement, soit dans le lieu où siége le tribunal. Combinez les art. 68 et 135 du code d'instr., et voyez ci-après: intervention devant le juge d'instr.

La partie civile qui poursuit directement, et qui par conséquent fait l'avance des frais, n'est pas tenue à la consignation prescrite par l'art. 160 du décret de 1811. C. 4 mai 1833. B. n. 179.. C. 28 fév. 1834. B. n. 64. — Il n'y a pas lieu non plus à exiger la consignation de la partie civile, qui intervient à l'audience dans le cours des débats, sur les poursuites du ministère public; c'est avant toutes poursuites que peut être exigée la consignation (art. 160 du décret de 1811). C. 12 août 1831. J. du P. 31. 2. 124. — Lorsqu'il y a lieu à la consignation, s'il y a débat entre le ministère public et la partie civile sur la quotité de la somme à déposer, c'est au tribunal à l'arbitrer (art. 157, 158, 159 et 160 du décret de 1811). C. 14 juillet 1831. D. 31. 1. 277.

L'étranger qui se porte partie civile, est obligé de fournir la caution *judicatum solvi* (art. 16 du code civil); peu importe qu'il agisse par voie de citation directe ou par voie d'intervention. C. 12 fév. 1846. B. n. 45. — La caution *judicatum solvi* peut être demandée en appel, pour la première fois, mais seulement pour les frais exposés sur l'appel. Bordeaux, 27 février 1843. S. 43. 2. 248. — Le droit de réclamer la caution *judicatum solvi* est un privilège de nationalité, dont le bénéfice appartient exclusivement aux Français ou aux étrangers admis en France à l'exercice des droits civils. C. 15 avril 1842. S. 42. 1. 473.

Citation directe par la partie civile. — Voyez ci-dessus les notes n. 59.

La partie civile peut citer le prévenu directement devant le tribunal correctionnel. Voy. art. 1, 64 et 182 du code d'instr. — La citation énoncera les faits, et tiendra lieu de plainte. Voy. art. 183 du code d'instr.

La citation à la requête du plaignant saisit le tribunal de l'action publique comme de l'action civile. C. 9 mai 1822. B. n. 71.

La partie civile, après qu'une instruction a été commencée sur sa plainte, ne peut pas citer directement le prévenu devant le tribunal correctionnel. Paris, 29 nov. 1850. S. 52. 2. 345.

La partie civile ne peut agir par voie de citation directe, s'il est intervenu en faveur du prévenu une ordonnance de non lieu. C. 12 déc. 1850. B. n. 419.

La comparution volontaire et spontanée du plaignant et du défendeur suffit pour saisir du litige la juridiction correctionnelle. C. 9 juin 1853. B. n. 208.

En appel, la partie civile a le droit de saisir le juge par une citation de même qu'en première instance. C. 24 déc. 1857. B. n. 411.

Lorsqu'il n'y a pas encore d'instance liée, la partie civile peut, par acte d'huissier, se départir de la citation donnée à sa requête. C. 2 août 1845. B. n. 252.

Intervention de la partie civile à l'audience. — Voyez n. 59.

Lorsque la partie civile intervient sur les poursuites du ministère public, il appartient au tribunal de décider s'il y a lieu d'admettre l'intervention. C. 19 juill. 1832. D. 33. 1. 242.

Intervention de la partie civile devant le juge d'instr. — Voy. n. 59.

Le plaignant peut se constituer partie civile devant le juge d'instr., soit du lieu du délit, soit du lieu de la résidence du prévenu, soit du lieu où le prévenu aura pu être trouvé. Voyez art. 63 du code d'instr.

La partie civile a le droit de se pourvoir devant la chambre d'accusation, contre les ordonnances rendues par le juge d'instruction, dans les cas déterminés par l'art. 135.

La partie civile qui demeure dans l'arrondissement du tribunal où se fait l'information, ou qui a élu domicile dans cet arrondissement, a droit à la signification des ordonnances du juge d'instruction; et, dans les 24 heures à compter du jour de cette signification, elle peut former opposition aux ordonnances. Voyez art. 68 et 135 du code d'instr.

La partie civile qui demeure dans l'arrondissement du tribunal où se fait l'information, n'est pas tenue d'élire un domicile spécial; et c'est à son domicile réel que la signification des ordonnances du juge d'instruction doit avoir lieu pour faire courir le délai d'opposition. C. 8 fév. 1855. B. n. 34.

Si la partie civile ne demeure pas dans l'arrondissement du tribunal où se fait l'instruction, et si elle n'a pas élu domicile soit dans cet arrondissement, soit dans le lieu où siège le tribunal saisi de l'action, elle n'a pas droit à la signification des ordonnances, et le délai de 24 heures court du jour où les ordonnances ont été rendues. C. 16 mars 1849, B. n. 58.

La loi n'exige pas que l'opposition de la partie civile soit notifiée au prévenu afin de le mettre à même de présenter sa défense devant la chambre d'accusation. C. 8 fév. 1855. B. n. 34.

La partie civile qui forme opposition à une ordonnance de la chambre du conseil, peut fournir des mémoires à la chambre d'ac-

59. (Suite.)

cusation (art. 217 et 222 du code d'instr.); mais pour les rédiger, elle n'a pas le droit de réclamer la communication de la procédure. C. 19 mai 1827. D. 27. 1. 244. — La partie civile qui succombe dans son opposition à une ordonnance de non-lieu, doit être condamnée par la chambre d'accusation à des dommages envers le prévenu, bien que celui-ci n'en ait pas demandé (voy. art. 136 du code d'instr.). C. 6 nov. 1823. J. du P. 23. 2. 181.

60. Nécessité d'une autorisation pour poursuivre les agents du gouvernement, prévenus de faits relatifs à leurs fonctions.

D'après l'art. 75 de la constitution du 22 frimaire an VIII, les agents du gouvernement ne peuvent être poursuivis pour *faits relatifs à leurs fonctions* qu'en vertu d'une décision du conseil d'état.

On ne doit considérer comme agents du gouvernement que ceux qui, dépositaires d'une partie de son autorité, agissent en son nom et sous sa direction médiate ou immédiate, et font partie de la puissance publique. C. 3 mai 1838. S. 38. 1. 655.

D'après l'arrêté du 28 pluviôse an XI, l'autorisation de l'administration générale des forêts est nécessaire pour poursuivre les gardes forestiers de l'état (C. 4 oct. 1823. S. 24. 1. 149), et les gardes forestiers des communes. Nancy, 18 déc. 1847. S. 48. 2. 603. — Lorsque l'action contre un garde forestier est intentée au nom de l'administration des forêts, en vertu des art. 159 et 171 du code forestier, l'autorisation du directeur général est virtuellement réputée intervenir. C. 16 juin 1848. D. 48. t. 206. — Les préposés des douanes ne peuvent, aux termes de l'arrêté du 29 thermidor an XI, être poursuivis pour des faits relatifs à leurs fonctions qu'en vertu d'une décision du directeur général de leur administration. C. 16 avr. 1858. B. n. 123. — Il appartient aux préfets d'autoriser les poursuites à l'égard de certains fonctionnaires, mais leurs décisions peuvent être attaquées devant le conseil d'état. C. 24 juin 1819. S. 20. 1. 40.

Les fonctionnaires qui ont agi à la fois comme agents du gouvernement et comme officiers de police judiciaire, ne peuvent être poursuivis sans autorisation et ont droit, en outre, à la juridiction spéciale créée par les art. 479 et suiv. du code d'instr. C. 8 fév. 1838. S. 39. 1. 815.

Un agent du gouvernement (dans l'espèce un maire), ne peut être poursuivi sans autorisation, pour faits relatifs à ses fonctions, même après qu'il a cessé ses fonctions (C. 7 avril 1852. S. 52. 1. 398); — il n'en est pas de même à l'égard du comptable qui a cessé ses fonctions; il ne peut plus, d'après l'avis du conseil d'état du 16 mars 1807, se prévaloir de la garantie constitutionnelle. C. 24 juin 1847. D. 47. 1. 219.

Il faut une autorisation pour poursuivre un maire prévenu d'un délit à l'occasion d'une battue ordonnée par le préfet (voy. n. 21, p. 21), pour poursuivre un garde prévenu d'avoir avec violence désarmé un chasseur (conseil d'état, 23 janv. 1820. S. 20. 2. 303), pour poursuivre un maire prévenu d'avoir illégalement retenu un permis de chasse qu'il était chargé de transmettre. C. 16 nov. 1852. S. 53. 1. 38.

Un garde forestier de l'état qui a commis un délit de chasse, peut être poursuivi sans autorisation; la chasse n'est pas un fait

relatif à ses fonctions (C. 2 mars 1854. B. n. 59); même décision
pour un douanier. C. 16 avril 1858. B. n. 123.

Il n'y a pas besoin d'autorisation pour poursuivre l'adjoint d'un
maire qui a commis un délit, non comme agent du gouvernement,
mais dans l'exercice des fonctions d'officier de police judiciaire.
C. 1er août 1850. J. du P. 51. 2. 169. -- Les officiers de louveterie
n'ont pas droit à la garantie; voy. n. 22.

La demande en autorisation de poursuite doit être précédée
d'une information judiciaire pour mettre l'autorité en mesure de
se prononcer (conseil d'état, 2 fév. 1821. S. 21. 2. 367 et 25 mai
1841. S. 41. 2. 462); mais, tant que l'autorisation n'est pas accordée, on ne peut, d'après le décret du 9 août 1806, ni décerner
de mandats contre le prévenu, ni lui faire subir d'interrogatoire
juridique. C. 24 juin 1819. S. 20. 1. 40.

Lorsque le tribunal reconnaît que le prévenu ne pouvait être
mis en jugement sans autorisation, il doit surseoir jusqu'à ce qu'il
ait été statué par qui de droit sur la demande en autorisation
de poursuites. C. 5 oct. 1850. B. n. 346.. C. 30 août 1833. B.
n. 345.. C. 11 mars 1837. S. 37. 1. 310.

Si un agent public est poursuivi à raison de deux faits, dont l'un
seulement est relatif à ses fonctions, le tribunal ne doit pas à
l'égard de l'autre fait, surseoir à statuer jusqu'après l'autorisation
de poursuites. C. 1er juin 1832. S. 33. 1. 128.

L'exception qui résulte du défaut d'autorisation, est d'ordre public; elle peut être proposée en tout état de cause et même relevée
d'office par les tribunaux. C. 11 mars 1837. D. 37. 1. 264.

La nécessité d'une autorisation de poursuites s'applique aux demandes portées devant le tribunal civil comme à celles portées
devant le tribunal correctionnel. C. 16 fév. 1847. S. 48. 1. 190.

61. **Délai dans lequel les délits de chasse doivent être poursuivis. — Prescription de l'action; actes interruptifs de la prescription.**

D'après l'art. 29, *toute action relative aux délits de chasse, se
prescrit par le laps de trois mois à partir du jour du délit.* — Quant
aux délits ordinaires, voy. art. 638 du code d'instr.

Le jour où le délit a été commis, ne doit pas compter dans le
délai fixé pour la prescription de l'action (C. 10 janv. 1845. B.
n. 11); et le délit de chasse commis le 17 oct. n'est pas prescrit,
s'il y a eu acte de poursuite le 17 janv. Bordeaux, 1er avr. 1857.
S. 57. 2. 381. Contrà, Paris, 8 fév. 1843. D. 44. 2. 1.

Les trois mois doivent être calculés date par date, et non par
période de 30 jours. Nancy, 28 janv. 1846. D. 46. 2. 69.

La loi n'exige pas que la preuve d'un délit soit faite dans le
délai de rigueur; elle veut seulement que l'action ait été poursuivie en temps utile. C. 26 nov. 1829. B. n. 265.

Le prévenu qui est cité en temps utile devant le tribunal
correctionnel, soit à la requête du ministère public, soit à la
requête d'une partie civile, ne peut opposer la prescription ni
à l'action civile ni à l'action publique. C. 15 avr. 1826. B. n. 73.

La décision d'une chambre du conseil qui a rejeté la prescription et renvoyé le prévenu en police correctionnelle, n'a
point l'autorité de la chose jugée; la police correctionnelle peut
juger de nouveau la question sur la prescription. C. 9 oct. 1842.

61. (Suite.)

Les juges ne peuvent s'abstenir d'appliquer d'office le bénéfice de la prescription aux prévenus; et il n'est pas au pouvoir des prévenus d'y renoncer (art. 640 du code d'instr.). C. 29 mai 1847. B. n. 115. — Le juge doit d'office suppléer la prescription en tout état de cause. C. 28 janv. 1843. B. n. 16.

Actes interruptifs de la prescription. — S'il a été fait des actes de poursuite ou d'instruction, le délit, d'après les articles 637 et 638 du code d'instruction, ne se prescrit qu'après trois ans, à compter du dernier acte. C. 5 juin 1841. B. n. 170.. C. 26 juin 1841. B. n. 188.

Un procès-verbal constatant un délit est un acte d'instruction qui interrompt la prescription. C. 26 juin 1840. B. n. 188.

Le procès-verbal d'information dressé par un procureur impérial hors le cas de flagrant délit, ne valant que comme renseignement, n'est pas un acte interruptif de la prescription. C. 9 août 1862.

Le procès-verbal d'un garde constatant la reconnaissance postérieurement faite d'un délinquant, bien que dénoncé à ce délinquant, ne peut être assimilé à un acte de poursuite ou d'instruction. C. 7 avr. 1837. D. 37. 1. 487.

N'est pas interruptive de la prescription la plainte de la partie lésée qui, sans se constituer partie civile, s'en rapporte à l'initiative du ministère public. C. 29 mars 1856. B. n. 10.

L'envoi par le procureur général au ministre de la justice et par celui-ci au procureur général près la cour de cassation, du procès-verbal dressé contre un magistrat trouvé en délit de chasse, est un acte d'instruction interruptif de la prescription. Paris, 7 nov. 1842. J. du P. 43. 1. 375.

Le procès-verbal de recherche de la personne du prévenu, dressé par la gendarmerie, en vertu d'un jugement par défaut, est un acte de poursuite valable. C. 11 février 1843. S. 43. 1. 647. — Il en est de même de la réquisition de translation du prévenu, faite par le ministère public, en exécution d'un jugement par défaut. Idem.

La citation donnée à un témoin par le ministère public, constitue un acte de poursuite et d'instruction. C. 26 juin 1841. B. n. 188. — La citation donnée à l'un des co-prévenus interrompt la prescription à l'égard des autres. Rouen, 28 févr. 1845. D. 45. t. 77. — La citation au prévenu, donnée pour comparaître à un délai moindre que le délai légal de trois jours, est néanmoins interruptive de la prescription. C. 25 janv. 1819. B. n. 28. — La citation au prévenu, donnée par une partie *sans qualité* pour agir, n'interrompt pas la prescription. Poitiers, 2 avr. 1845. D. 45. 2. 131. — La citation à la requête d'une partie *ayant qualité* pour agir, interrompt la prescription, lors même qu'elle est donnée devant un tribunal incompétent. C. 13 janv. 1837. B. n. 18.. C. 7 sept. 1849. B. n. 235.. C. 3 avr. 1862. B. n. 101. — Mais lorsque le juge, saisi mal à propos par la citation, s'est déclaré incompétent, alors toute litispendance cessant, et l'instance incompétemment engagée n'existant plus, la prescription introduite par la loi sur la chasse reprend son cours, à dater du jour du jugement. C.

5 juin. 1841. B. n. 170. Voy. aussi C. 7 sept. 1849. B. n. 235.

La signification d'un jugement par défaut, à la requête d'un of-ficier du ministère public, autre que celui près le tribunal qui a jugé, est un acte nul qui n'interrompt pas la prescription. C. 30 avr. 1830. D. 30. 1. 258.

La prescription est suspendue par suite d'une instance sur des questions préjudicielles, mais elle reprend son cours du jour où ces questions ont été jugées. C. 10 avr. 1835. B. n. 136.

Lorsque le prévenu qui a obtenu un sursis du tribunal correc-tionnel, ne fait pas juger au civil la question de propriété, si le ministère public ou la partie civile ne poursuit pas l'audience, la prescription de trois ans court à dater de l'expiration du délai de sursis. C. 1er déc. 1848. B. n. 300.

Les actions publique et civile sont prescrites, alors même qu'il est intervenu un jugement de condamnation par défaut, s'il s'est écoulé trois ans sans que ce jugement ait été signifié au prévenu. C. 1er fév. 1833. B. n. 29. — Par la discontinuation de poursuites pendant trois ans, à partir de l'acte d'appel d'un jugement, il y a prescription de l'action à l'égard du ministère public et de la partie civile. Toulouse, 8 déc. 1836. D. 38. 2. 14. Voy. aussi Colmar, 29 avr. 1840. D. 41. 2. 156.

62. Tribunaux compétents pour juger les délits de chasse. — Compétence des tribunaux correctionnels, ratione loci, ratione materiœ.

Les délits de chasse sont de la compétence des tribunaux cor-rectionnels. C. 29. déc. 1837. B. n. 447.

Les militaires qui ont commis des délits de chasse, sont justi-ciables des tribunaux correctionnels. Voy. art. 273 du code milit.

Compétence des tribunaux correctionnels ratione loci.

Les délinquants doivent être traduits devant le tribunal correc-tionnel du lieu du délit, du lieu de leur résidence, ou du lieu dans lesquels ils ont pu être trouvés. Voy. art. 23 et 63 du code d'instr., et C. 3 janv. 1862. B. n. 4.

Les dispositions des art. 23 et 63 du code d'instr. ne peuvent s'entendre que du lieu où le prévenu a été appréhendé et mis sous la main de justice. C. 18 janv. 1851. B. n. 29.

Les tribunaux français sont incompétents pour juger les sim-ples délits commis hors du territoire du royaume. C. 20 septembre 1839. B. n. 309.. C. 17 oct. 1834. B. n. 356.

L'exception d'incompétence, à raison du lieu, peut être pro-posée en appel pour la première fois. C. 13 mai 1826. J. du P.

Compétence des tribunaux correctionnels ratione materiœ. — Voy. art. 192 et 193 du code d'instr.

Les tribunaux correctionnels connaîtront de tous les délits fo-restiers poursuivis à la requête de l'administration, et de tous les délits dont la peine excède 5 jours d'emprisonnement et 15 francs d'amende. Voy. art. 179 du code d'instr.

Lorsque plusieurs délits sont connexes, ils peuvent être jugés simultanément par le tribunal compétent pour connaître de l'un d'eux (art. 226 et 307 du code d'instr.). C. 14 mai 1847. B. n. 102.

Les tribunaux correctionnels ne peuvent se dessaisir de la con-naissance des faits dont ils sont compétemment saisis, sous le prétexte de leur connexité avec d'autres faits appartenant à la

62. (Suite.)

juridiction criminelle. C. 22 août 1846. B. n. 221.. C. 1er sept. 1848. B. n. 235.

Le tribunal saisi de plusieurs abus de confiance, a pu statuer sur ceux qui constituaient de simples délits, et se déclarer incompétent à l'égard de ceux qui constituaient des crimes. C. 17 sept. 1858. B. n. 254.

Les tribunaux correctionnels sont compétents pour statuer sur les contraventions dont la peine peut excéder 5 jours de prison et 15 francs d'amende (C. 23 avril 1831. B. n. 93) ; la compétence se règle sur le maximum de la peine applicable. C. 17 juin 1825. B. n. 115.

Le tribunal saisi de la connaissance d'un délit, peut statuer en même temps sur une contravention connexe à ce délit. C. 19 oct. 1809. B. n. 167.

Le prévenu appelé devant la juridiction correctionnelle pour un fait qui, d'après la citation, ne constitue qu'une simple contravention de police, peut (avant que les débats ne soient ouverts. C. 8 mars 1839. B. n. 85), demander son renvoi devant le juge compétent ; mais si le fait n'a perdu son caractère de délit qu'à l'audience, et par suite de l'instruction, le renvoi devant le tribunal de simple police, ne peut être demandé que par le ministère public ou par la partie civile (art. 192 du code d'instr.). C. 4 mai 1843. B. n. 96.. C. 3 juin 1858. B. n. 162.

Celui qui est poursuivi devant la juridiction correctionnelle, peut, même en appel, demander son renvoi devant la cour d'assises, à raison de circonstances aggravantes qui donnent le caractère de crime au fait incriminé. C. 8 févr. 1844. B. n. 39.

Le tribunal ne peut conserver la connaissance d'une affaire, sous prétexte que la circonstance aggravante n'est pas suffisamment établie (voy. l'espèce). C. 17 oct. 1839. B. n. 313.

Lorsque le ministère public n'a pas appelé, la cour ne peut, sur l'appel du prévenu qui n'y conclut pas, se déclarer incompétente, par le motif que le fait incriminé constitue un crime ; ce serait aggraver la position de l'appelant. C. 9 juill. 1841. B. n. 208.

Lorsque l'action a été introduite par citation directe, le tribunal correctionnel, en déclarant son incompétence, et en décernant le mandat de dépôt ou d'arrêt, au cas des art. 193 et 214 du code d'instr., peut désigner et saisir par son renvoi le juge d'instruction compétent ; mais, quand le tribunal correctionnel a été saisi par une ordonnance de la chambre du conseil ou d'accusation, il doit, tout en décernant le mandat de dépôt ou d'arrêt, se borner à se déclarer incompétent ; c'est à la cour de cassation à statuer sur le conflit (art. 525 et suiv. du code d'instr.). C. 10 janv. 1830. B. n. 18.. C. 21 août 1852. B. n. 294.

Lorsqu'une cour se déclare incompétente ratione materiœ, elle doit, si le tribunal correctionnel était saisi directement, renvoyer l'affaire devant le juge d'instruction compétent ; et si le juge d'instruction a pris part au jugement réformé, elle doit désigner un juge non empêché du même tribunal. C. 19 juin 1852. B. n. 205.

Doivent être jugés par les chambres civiles des cours d'appel (art. 4 du décret du 6 juill. 1810) :

1. Les grands officiers de la Légion d'honneur, les généraux commandant une division ou un département, les archevêques, évêques, présidents de consistoire, les membres de la cour de cassation, de la cour des comptes et des cours impériales, et les préfets, lorsqu'ils sont prévenus d'un délit (art. 10 de la loi du 20 avril 1810);

2. Les juges de paix, les membres des tribunaux correctionnels ou de première instance, et les officiers du ministère public près l'un de ces tribunaux, lorsqu'ils sont prévenus d'un délit hors de leurs fonctions, ou dans l'exercice de leurs fonctions (art. 479 et 483 du code d'instr.) ;

3. Les officiers de police judiciaire, les juges de police, les juges faisant partie d'un tribunal de commerce, et les officiers chargés du ministère public près ces juges et tribunaux, lorsqu'ils sont prévenus d'un délit dans l'exercice de leurs fonctions (art. 483 du code d'instr.).

Les présidents et conseillers honoraires ne peuvent être poursuivis que dans les formes tracées par les art. 479 et suiv. du code d'instr. C. 11 oct. 1850. B. n. 351.

Les juges suppléants sont assimilés aux juges. C. 13 janv. 1843. D. 43. 1. 123. — Les suppléants de juges de paix sont assimilés aux juges de paix. C. 2 mars 1844. B. n. 80. — Les greffiers des tribunaux ne jouissent pas de la juridiction privilégiée établie par les art. 479 et suiv. du code d'instr. C. 4 juill. 1846. B. n. 174.

Les gardes champêtres et forestiers, même particuliers, sont officiers de police judiciaire, et lorsqu'ils commettent un délit *dans l'exercice de leurs fonctions*, ils doivent être traduits devant la cour. C. 21 mai 1835. S. 35. 1. 733. — Est justiciable de la cour, le garde forestier qui, dans le bois confié à sa surveillance, commet un délit de chasse (C. 5 mars 1846. B. n. 68), ou un délit de coups (C. 6 nov. 1840. B. n. 315), ou un délit d'outrage à la pudeur (C. 22 janv. 1852. B. n. 30), ou un délit forestier entraînant une amende même inférieure à 15 francs. C. 9 avril 1842. B. n. 86.

Est justiciable de la cour, le garde particulier qui vole du bois dans une vente confiée à sa surveillance; ce n'est qu'un délit correctionnel, un garde n'étant pas un homme de service à gages. C. 21 mai 1835. B. n. 196.

Un garde particulier est dans l'exercice de ses fonctions, lorsqu'il accompagne comme garde particulier les amis de son maître qui sont en chasse. C. 9 mars 1838. B. n. 62.

Un garde forestier qui chasse sur un territoire non soumis à sa surveillance, n'est pas dans l'exercice de ses fonctions. C. 8 août 1846. B. n. 207.

Un garde champêtre n'est point dans l'exercice de ses fonctions, lorsqu'il commet un délit forestier dans les bois de l'état dont il n'a pas la garde. C. 13 janv. 1849. B. n. 10.

N'est pas justiciable de la cour, le garde champêtre qui reçoit

63. (Suite.)

de l'argent pour ne pas constater une rixe; les gardes champêtres n'agissent comme officiers de police judiciaire que lorsqu'ils recherchent et constatent des délits de la police rurale (art. 16 du code d'instr.). C. 7 févr. 1852. B. n. 58.

Sont justiciables des cours, lorsqu'ils ont chassé en délit sur le territoire soumis à leur surveillance, les maires (Metz, 7 déc. 1849) et les employés de chemins de fer, dûment assermentés et assimilés par l'art. 23 de la loi du 15 juill. 1845, aux officiers de police judiciaire. Metz, 4 juin 1855. D. 55. 2. 326.

On a pu décider qu'un maire trouvé en chasse sans permis sur le territoire de sa commune, n'était pas alors dans l'exercice de ses fonctions d'officier de police judiciaire, fonctions que les maires ne remplissent pas d'une manière permanente. C. 8 mai 1862. B. n. 125.

Ne sont pas justiciables des cours, les fonctionnaires prévenus d'avoir, dans l'exercice de leurs fonctions, commis des infractions de simple police. C. 26 sept. 1851. B. n. 406.

L'exception d'incompétence résultant de la juridiction spéciale créée par les art. 479 et suiv. du code d'instr., peut être proposée en appel pour la première fois; c'est une exception d'ordre public. C. 7 févr. 1834. B. n. 45.

Modes de poursuite.

Le procureur général a seul le droit de traduire devant la cour les fonctionnaires inculpés de délits. Par dérogation à l'art. 182 du code d'instruction, la poursuite ne peut être exercée par la partie lésée; on a craint d'exposer les fonctionnaires aux ressentiments des citoyens. C. 6 oct. 1837. S. 38. 1. 80. — Jugé que l'administration forestière n'a pas qualité pour poursuivre les fonctionnaires privilégiés, inculpés de délits. Poitiers, 2 avril 1845. S. 45. 2. 537. — Au surplus, les plaignants peuvent demander à la cour d'enjoindre au procureur général de poursuivre, conformément à l'art. 11 de la loi du 20 avril 1810. C. 6 oct. 1837. B. n. 306.

Lorsque des fonctionnaires sont prévenus d'un délit qui les rend justiciables de la cour, le procureur général doit les citer directement devant cette cour. Ces fonctionnaires ne peuvent pas être traduits préalablement devant le juge d'instruction; la loi a voulu les soustraire à la juridiction des tribunaux inférieurs. C. 10 mai 1822. S. 22. 1. 279.

La chambre d'accusation appelée à statuer sur une instruction formalisée mal à propos contre un fonctionnaire, doit déclarer son incompétence; elle excéderait ses pouvoirs en renvoyant le prévenu devant la cour, puisque la cour ne peut être saisie que par le procureur général. C. 4 août 1827. D. 27. 1. 452.

Le tribunal correctionnel, saisi par ordonnance d'une prévention contre un fonctionnaire, ne peut, en se déclarant incompétent, renvoyer le prévenu devant la cour d'appel; c'est prononcer sur un conflit dont le jugement appartient à la cour de cassation. C. 10 août 1848. B. n. 219.

Les poursuites commencées devant la juridiction ordinaire contre un individu qui depuis est devenu fonctionnaire, doivent être reprises devant la juridiction spéciale créée par les art. 479 et suiv. du code d'instr. C. 15 nov. 1833. B. n. 461. — La juridiction spéciale est applicable même au fonctionnaire qui, avant toutes poursuites, a cessé ses fonctions. C. 14 janv. 1832. B. n. 20.

Le prévenu qui est privilégié entraîne ses co-inculpés devant la juridiction supérieure. C. 31 janv. 1845. D. 45. 1. 146. — Un délit de chasse sans permis est personnel, et ne peut être commis conjointement par plusieurs individus; dès lors, le co-inculpé reste justiciable des tribunaux ordinaires. Paris, 24 oct. 1844. J. du P. 45. 2. 718. Contrà, Orléans, 24 mars 1851. D. 52. 2. 112. — Si le délit est prescrit à l'égard du fonctionnaire, les complices, simples particuliers, cessent d'être justiciables de la cour. Poitiers, 2 avril 1845. S. 45. 2. 537.

Relativement à la manière dont les affaires s'intruisent aux audiences des cours impériales, chambres civiles jugeant correctionnellement, voy. n. 69.

Procédure particulière concernant les magistrats d'appel.

Lorsqu'un magistrat de cour d'appel est prévenu d'un délit, la copie de la plainte est adressée au ministre de la justice. Le ministre la transmet à la cour de cassation, qui, si elle autorisé la poursuite, renvoie le prévenu devant une cour d'appel (art. 481 et 482 du code d'instruction, combinés avec l'art. 10 de la loi du 20 avril 1810). C. 21 janv. 1841. D. 41. 1. 410. — Le membre d'une cour d'appel, prévenu d'un délit, doit être renvoyé devant une cour autre que celle à laquelle il appartient. Voy. réquisitoire et C. 2 juin 1814. S. 14. 1. 234.. C. 13 oct. 1842. B. n. 276. — La cour d'appel juge en dernier ressort. C. 2 mai 1818. J. du P.

La loi du 20 avril 1810 n'a pas anéanti la nécessité d'une première instruction écrite qui doit être faite conformément aux règles ordinaires, d'après l'art. 481 du code d'instruction. Cette première instruction est la base du jugement de la cour de cassation; mais il ne peut être décerné aucun mandat ni procédé à aucun interrogatoire avant l'autorisation des poursuites par la cour suprême. C. 2 mai 1818. J. du P.

Un juge d'instruction saisi d'une plainte contre un magistrat de cour d'appel, peut légalement entendre les témoins indiqués dans la plainte et transmettre la plainte avec l'information au ministre de la justice. Le ministre soumet les pièces à la cour de cassation qui décide s'il y a lieu à suivre. C. 26 avr. 1821. J. du P.

64. Comment le tribunal correctionnel est saisi de la connaissance d'un délit et d'une demande en dommages-intérêts.

Le tribunal correctionnel est saisi de la connaissance des affaires par le renvoi de la cour de cassation (art. 427 et 542 du code d'intr.), — par le renvoi de la chambre d'accusation (art. 230), — par le renvoi qui est fait d'après l'art. 160, — par le renvoi du juge d'instruction (art. 130), — par la citation donnée directement au prévenu et aux personnes civilement responsables par la partie civile, et, à l'égard des délits forestiers, par l'administration forestière, et, dans tous les cas, par le procureur impérial (art. 182).

64. (Suite.)

65. Citation aux parties pour comparaître à l'audience. — Formalités à observer dans la citation. — Exception tirée de la nullité de la citation. — Cas où le prévenu peut se faire représenter à l'audience.

Voyez au n. 70² les notes concernant l'article 182 du code d'instruction.

Nul ne peut être jugé s'il n'a été régulièrement cité, ou s'il n'a comparu volontairement comme prévenu. C. 6 mai. 1847. B. n. 96.

La citation au prévenu est donnée selon les cas par le ministère public, par la partie civile et par l'administration forestière. Voy. art. 182 du code d'instr. — Le condamné qui n'anticipe pas sur son appel, n'est tenu de comparaître que lorsqu'il est cité à la requête du ministère public ou de la partie civile. C. 7 déc. 1844. B. n. 392. — Il appartient au ministère public d'assigner les parties à comparaître en appel, même lorsqu'il n'y a appel que par la partie civile (voy. l'espèce). C. 4 mars 1842. B. n. 51.

Formalités à observer dans la citation.

Aucune disposition de loi ne fixe, sous peine de nullité, la forme des citations. C. 21 sept. 1833. B. n. 396.

Pour la validité des citations, il suffit que le prévenu ait eu connaissance, en temps utile, qu'il était appelé devant le tribunal correctionnel pour répondre sur le fait incriminé. C. 14 janv. 1830. S. 30. 1. 154.. C. 15 janv. 1830. S. 30. 1. 203.

La citation doit être donnée à personne ou à domicile. C. 21 mai 1842. D. 42. 1. 380. — Si l'huissier ne trouve au domicile ni le prévenu, ni aucun de ses parents ou serviteurs, il remet la copie à un voisin qui signe l'original; et, en cas de refus de recevoir la copie, l'huissier la remet au maire de la commune qui vise l'original. Si le délinquant ne demeure plus au lieu indiqué et que l'huissier ne puisse découvrir son domicile, la signification doit être affichée à la principale porte du tribunal, et copie est remise au parquet de première instance (art. 68 et 69 § 8 du code de procédure civile). C. 11 août 1842. B. n. 197.

Les art. 182 et suiv. du code d'instr. n'exigent pas expressément que la citation soit datée (dans l'espèce le prévenu avait comparu). C. 30 janv. 1846. B. n. 31.

Toute citation doit énoncer sommairement les faits. C. 8 déc. 1848. B. n. 309.   Jugé qu'à défaut d'énonciation dans la citation, il a suffi que le fait fût énoncé dans le procès-verbal du délit signifié en même temps au prévenu. C. 19 déc. 1834. B. n. 407. — La loi n'ordonne pas de rappeler l'ordonnance de renvoi dans l'exploit d'assignation. C. 4 oct. 1850. D. 50. t. 288.

La différence entre le procès-verbal qui indique le 31 août, comme le jour du délit, et la citation qui indique le 1er sept., ne vicie pas la citation. C. 18 mars 1837. B. n. 88. — L'erreur dans la citation sur la date du délit ne vicie pas la citation, lorsque d'ailleurs la différence de date ne peut nuire à la défense. C. 30 juill. 1852. B. n. 259.

Lorsqu'on n'a pas observé pour la citation le délai prescrit par l'art. 184 du code d'instr. (délai de trois jours, outre un jour par trois myriamètres, entre la citation et le jugement), le juge agit régulièrement en ne donnant pas défaut contre le prévenu qui ne comparaît pas, et en déclarant qu'il n'échoit à statuer, quant à présent, tous les droits du ministère public réservés. C. 2 oct. 1840. B. n. 295.

Le prévenu qui comparaît, ne peut se plaindre qu'il n'a pas été régulièrement dénommé dans la citation. C. 16 juill. 1846. B. n. 183. — La citation peut être déclarée valable, bien qu'elle n'indique que le prénom du plaignant, si ce prénom sert généralement à le désigner. C. 24 déc. 1846. D. 47. t. 242.

Exception tirée de la nullité de la citation.

Toute nullité d'exploit est couverte, si elle n'a pas été proposée avant toute défense ou exception autre que celle d'incompétence. C. 7 mai 1835. B. n. 168.

Le prévenu qui comparaît, n'a pas le droit de conclure à la nullité de la citation (art. 184 du code d'instr.) ; tout ce qu'il peut, c'est demander la remise de la cause pour préparer sa défense, et il appartient au tribunal d'accorder ou de refuser le renvoi selon les circonstances. C. 15 fév. 1821. B. n. 21. — Cependant le prévenu, condamné par défaut, peut, sur son opposition, faire valoir la nullité de la citation, lorsqu'il prouve que depuis la constatation du délit, il s'est écoulé un temps suffisant pour la prescription de l'action, sans qu'il y ait eu d'acte régulier de poursuite. C. 15 janv. 1830. S. 30. 1. 203. Voy. aussi C. 22 déc. 1855. B. n. 410.

Un prévenu qui s'est défendu en première instance, ne peut, en appel, exciper de la nullité de la citation introductive de l'action. C. 20 juill. 1832. B. n. 275.. C. 12 août 1852. B. n. 271.

Un tribunal ne peut pas d'office déclarer la nullité de la citation. C. 16 juill. 1846. B. n. 183.

Cas où le prévenu peut se faire représenter à l'audience.

Lorsque le fait n'entraîne pas l'emprisonnement, le prévenu peut se faire représenter par un avoué (art. 185 du code d'instr.) ; néanmoins le tribunal peut ordonner que le prévenu comparaîtra en personne, en vertu des art. 119 et 185 du code d'instr. C. 31 mai 1851. D. 51. t. 4.

Le prévenu n'est pas obligé de comparaître en personne, s'il se borne à faire présenter par son défenseur des exceptions préjudicielles, indépendantes du fond de la prévention. C. 12 juin 1829. B. n. 125.. C. 29 août 1840. B. n. 244.

Le prévenu condamné, lorsqu'il interjette seul appel, et uniquement en ce qui concerne les dommages-intérêts, peut se faire représenter à l'audience par un avoué. C. 16 oct. 1847. B. n. 259.

Une cour d'appel, saisie seulement de l'action civile par l'appel du plaignant, peut ordonner la comparution du prévenu en personne, lorsque cette mesure est nécessaire pour la manifestation de la vérité. C. 31 1851. B. n. 303.

66. Tribunal correctionnel ; sa composition. — Membres du tribunal empêchés ; remplacement. — Abstention, — Récusation. — Demande en renvoi pour suspicion légitime.

D'après l'art. 180 du code d'instruction, un tribunal correctionnel peut juger au nombre de trois juges. — Le juge d'instruction qui a rendu l'ordonnance de renvoi, peut faire partie du tribunal appelé à juger le prévenu. C. 23 mars 1860. B. n. 83.

Les juges suppléants, quand ils ne siègent pas en remplacement

66. (Suite.)

des juges , ont la faculté d'assister aux audiences avec voix consultative. C. 27 juin 1850. D. 50. t. 299.

Un tribunal de répression ne peut être légalement constitué sans le concours du ministère public. C. 25 janv. 1850. D. 50. t. 16.

Un tribunal n'est légalement constitué qu'autant qu'il est assisté du greffier. C. 8 fév. 1839. B. n. 88.. C. 1er déc. 1855. B. n. 382.

Le jugement doit constater la présence des magistrats composant le tribunal. C. 30 mai 1857. B. n. 212.

Membres du tribunal empêchés ; remplacement

Est nul le jugement auquel prend part un magistrat ayant atteint la limite d'âge, lorsque le décret de mise à la retraite de ce fonctionnaire a été régulièrement porté à sa connaissance. C. 2 mai 1861. B. n. 93.

Deux parents par alliance au degré de cousin germain, peuvent faire partie du même tribunal. La loi du 20 avril 1810 limite la prohibition résultant de la parenté, au degré d'oncle et de neveu. C. 16 janv. 1818. B. n. 7. — Il n'y a point affinité entre deux juges qui ont épousé les deux sœurs. C. 18 sept. 1824. D. A. 11. 20.

D'après l'avis du conseil d'état du 23 avril 1807, lorsque des parents ou alliés, au degré prohibé, siégent ensemble dans la même affaire, leurs opinions, si elles sont conformes, ne doivent ne compter que pour une. C. 7 nov. 1840. B. n. 318.

L'officier du ministère public peut être gendre de l'un des juges composant le tribunal (art. 63 de la loi du 20 avril 1810). C. 16 janv. 1851. B. n. 23.

Lorsqu'il faut remplacer un magistrat empêché, l'art. 264 du code d'instruction n'exige pas que l'on spécifie le motif de l'empêchement. C. 18 juill. 1850. D. 50. t. 298.

Le jugement rendu avec le concours d'un avocat est nul, s'il ne constate pas l'empêchement des juges titulaires et suppléants, et s'il n'énonce pas que l'avocat a été pris suivant l'ordre du tableau, parmi les avocats présents à l'audience (décret du 30 mars 1808, art. 49). C. 26 mai 1851.. C. 13 janv. 1859. B. n. 19.

Lorsqu'un avoué est appelé en remplacement d'un juge, il doit être constaté que cet avoué a été appelé à défaut de juges suppléants et d'avocats, et qu'il est le plus ancien des avoués présents à l'audience au moment où la cause est appelée (décret du 30 mars 1808, art. 49). C. 12 janv. 1842. D. 42. 1. 76.

L'avocat appelé à siéger accidentellement, doit prêter le serment politique imposé aux magistrats (C. 23 sept. 1831. B. n. 83), à moins qu'il ne l'ait déjà prêté. C. 22 mars 1831. D. 31. 1. 154.— A défaut de réclamation à l'audience, il y a présomption de droit que l'avocat a prêté serment. C. 5 nov. 1853. B. n. 532.— Le serment politique est ainsi conçu : Je jure obéissance à la Constitution et fidélité à l'Empereur.

L'avoué qui a prêté son serment professionnel, est apte à remplir les fonctions de juge. Paris, 8 janv. 1850. S. 50. 2. 44. — Le serment professionnel de l'avoué comprend le serment politique.

Les fonctions du ministère public étant indivisibles, les officiers qui le composent, peuvent se remplacer dans le cours de la même affaire. C. 29 mars 1832. B. n. 114.. C. 10 août 1837. B. n. 232.

En cas d'empêchement des officiers du ministère public, leurs fonctions peuvent être remplies indistinctement par l'un des juges ou des suppléants qui composent le tribunal. C. 18 nov. 1829. S. 30. 1. 50. — S'il y a empêchement des juges titulaires et suppléants, l'avocat (le plus ancien parmi ceux présents à l'audience), peut être appelé à remplir les fonc'ions du ministère public. Toulouse, 24 mai 1836. S. 36. 2. 363.

En cas d'empêchement du greffier, le président peut le remplacer par une personne ayant l'âge voulu par la loi et la qualité de français, et à laquelle il fait prêter le serment prescrit par l'art. 4 du décret du 5 avril 1852. C. 3 sept. 1852. B. n. 308.

Abstention. — L'art. 378 du code de procédure civile, applicable en matière correctionnelle, ne détermine pas les causes pour lesquelles un juge, non récusé par la partie, peut être, sur sa propre demande, autorisé à s'abstenir. Il résulte de l'art. 380 que l'appréciation de ces causes est confiée à la sagesse de la chambre à laquelle le juge appartient. C. 8 oct. 1819. B. n. 110. C. 17 août 1839. J. du P.

La décision qui intervient sur une demande d'abstention, n'est pas un jugement, et n'a besoin d'être ni motivée ni prononcée publiquement. C. 15 oct. 1829. J. du P.

Récusation. — A défaut d'un texte spécial pour la récusation des juges en matière correctionnelle, il y a lieu de recourir aux dispositions des art. 378 et suiv. du code de procédure civile. C. 13 fév. 1846. B. n. 48.

Le prévenu doit formuler la récusation au greffe dès qu'il connaît la composition du tribunal, et avant qu'il ne soit procédé à aucun acte du débat (art. 382 du code de procédure civile). C. 13 fév. 1846. B. n. 48. — La récusation ne peut être articulée à l'audience en présence du magistrat récusé. C. 30 août 1838. B. n. 259.

La partie qui n'use pas du droit de récuser, ne peut se prévaloir de ce qu'un magistrat qui savait cause de récusation en sa personne, ne l'ait pas déclarée au tribunal conformément à l'art. 380. C. 18 févr. 1828. D. 28. 1. 135.

Il doit être statué sur les récusations d'après les règles établies par le code de procédure civile. C. 8 oct. 1819. B. n. 110. — Le ministère public doit être entendu. C. 1er mars 1834. B. n. 70.

Le juge récusé ne peut prendre part au jugement qui statue sur la récusation ; il serait juge dans sa propre cause. C. 20 mai 1847. B. n. 106.

Lorsque, par suite des récusations exercées par une partie, un tribunal se trouve dans l'impossibilité de se compléter pour statuer sur le mérite des récusations, ce cas doit être assimilé à celui de la demande en renvoi pour cause de suspicion légitime. C. 26 sept. 1851 B. n. 408.

Le ministère public ne peut être récusé, lorsqu'il poursuit une action publique (art. 381 du code de procédure civile). C. 30 juill. 1847. S. 47. 1. 863.

66. (Suite.)

Si un officier du ministère public croit, par des motifs de délicatesse, devoir s'abstenir, il le peut en se faisant remplacer ; mais il n'a pas à provoquer sur ce point une décision du tribunal. C. 28 janv. 1830. S. 30. 1. 140.

Demande en renvoi pour cause de suspicion légitime.

Le juge n'est pas dessaisi par la demande en renvoi portée devant la cour de cassation, pour cause de suspicion légitime, tant que le demandeur n'a pas justifié d'un arrêt de la cour de cassation qui ait ordonné ce renvoi (voy. art. 545 et suiv. du code d'instr.) C. 3 août 1838. B. n. 259.

67. Police de l'audience. — Tumulte, délits et crimes commis à l'audience ; fautes disciplinaires ; compte rendu infidèle.

S'il se commet un délit correctionnel dans l'enceinte et pendant la durée de l'audience, le président dresse procès-verbal du fait, entend le prévenu et les témoins, et le tribunal applique, sans désemparer, les peines prononcées par la loi. Voyez art. 181 du code d'instruction.

En cas de tumulte à l'audience, le président peut expulser les perturbateurs, et même les envoyer 24 heures en prison (art. 504 du code d'instr.) ; il peut faire évacuer une partie de la salle, et au besoin en faire fermer les portes. C. 30 mai 1839. B. n. 168.

Si à l'audience le prévenu ou d'autres personnes causent du tumulte de manière à empêcher le cours de la justice, on procède conformément aux art. 10, 11 et 12 de la loi du 9 sept. 1835.

La chambre d'une cour impériale, à l'audience de laquelle un crime se commet, est compétente pour procéder au jugement de suite et sans désemparer. C. 5 juill. 1860. B. n. 148.

La faculté accordée aux juges de réprimer les outrages qui leur sont adressés à l'audience, doit être exercée séance tenante. C. 3 oct. 1851. B. n. 430. — Il suffit de statuer après le jugement de l'affaire dont le tribunal s'occupait au moment des outrages. C. 8 déc. 1849. B. n. 338. — Le juge outragé n'est pas tenu de s'abstenir. C. 10 janv. 1852. B. n. 12.

Ce sont les art. 222 et 223 du code pénal qui punissent l'outrage par paroles, gestes ou menaces, que les magistrats de l'ordre judiciaire auront reçu publiquement dans l'exercice de leurs fonctions, et spécialement l'outrage qui a lieu à l'audience d'une cour ou d'un tribunal. C. 27 fév. 1832. B. n. 79.. C. 22 août 1862. B. n. 218.

L'outrage ne peut être excusé par le motif qu'il y avait eu provocation par injures de la part du fonctionnaire. C. 19 août 1842. D. 42. 1. 424.

Il n'est pas nécessaire que les paroles offensantes qui ont été tenues à l'audience, soient parvenues à l'oreille du juge ; il suffit qu'elles aient été prononcées assez haut pour être entendues d'une partie du public ; et, lorsque plus tard ces paroles viennent à être révélées, le tribunal, s'il n'est pas dessaisi de l'affaire, peut exercer son droit de répression. C. 24 déc. 1836. B. n. 397.

Des conclusions outrageantes pour un magistrat, lues publiquement à l'audience, suffisent pour motiver l'application de l'art. 222. C. 11 janv. 1851. B. n. 21.

Des injures adressées à un fonctionnaire, dans une lettre qui n'a pas reçu de publicité, ne constituent pas le délit prévu par l'art. 222. du code pénal . C. 30 août 1851. B. n. 366.

Lorsqu'un outrage est commis à l'audience envers un magistrat à l'occasion de ses fonctions, la plainte du magistrat n'est pas nécessaire pour saisir le tribunal. C. 5 juin 1851. B. n. 206.

Cracher au visage d'un officier ministériel en fonctions, est un outrage par geste, prévu par l'art. 224. C. 5 janv. 1855. B. n. 14.

Il suffit que la déposition d'un témoin soit l'objet d'un outrage, pour qu'il y ait lieu à l'application de l'art. 6 de la loi du 25 mars 1822. C. 13 août 1841. B. n. 245.

L'art. 16 de l'ordonnance du 20 nov. 1822, autorise les tribunaux à réprimer les fautes commises à leur audience par les avocats. L'exercice de ce pouvoir n'est pas subordonné à une réquisition préalable du ministère public; il suffit que celui-ci soit entendu. C. 10 janv. 1852. B. n. 12.

Les tribunaux ont le pouvoir d'apprécier souverainement si les faits qui se passent à leur audience, de la part des avocats, sont attentatoires à la dignité de l'audience. C. 6 août 1844. S. 44. 1. 577.

Il est d'un usage constant que l'avocat reste debout et découvert pendant la prononciation des jugements rendus sur sa plaidoirie; et le tribunal, en réprimant par l'avertissement le refus de se lever, ne fait qu'une juste application de l'art. 18 de l'ordonnance de 1822. C. 18 nov. 1852. D. 52. t. 51.

Relativement au compte rendu infidèle des audiences, voyez art. 16 de la loi du 25 mars 1822.

68. Publicité de l'audience. — Huis-clos. — Interdiction de compte rendu.

L'instruction doit être publique à peine de nullité (art. 190 du code d'instr.). — Les jugements doivent être prononcés publiquement. Voy. art. 7 de la loi du 20 avril 1810. — Le jugement doit constater la publicité de l'audience. C. 15 fév. 1855. B. n. 42.

Si la publicité est dangereuse pour l'ordre ou pour les mœurs, le tribunal le déclare par un jugement et ordonne que les débats auront lieu à huis-clos. Voy. art. 81 de la constitution de 1848.

Le huis-clos est une mesure d'ordre public qui peut être ordonnée sans qu'il soit nécessaire d'entendre ou d'interpeller préalablement les parties. C. 4 avril 1850 B. n. 120. C. 16 juin 1855. B. n. 214. — Il n'est pas nécessaire que l'accusé ait été mis en demeure de s'expliquer sur les réquisitions du ministère public tendant au huis-clos. C. 8 janv. 1848. D. 48. t. 309.

La décision qui ordonne le huis-clos doit être motivée. C. 28 avril 1837. B. n. 136.

Le huis-clos peut n'être ordonné que pour une partie des débats (C. 1er fév. 1839. J. du P. 40. 1. 199) ; et par exemple pour l'audition d'un témoin. C. 19 fév. 1841. B. n. 48.

Les débats seuls doivent avoir lieu à huis-clos. C. 5 oct. 1854. B. n. 293. — Les décisions par lesquelles il est statué sur les incidents qui s'élèvent dans le cours d'une affaire, doivent être rendues publiquement. C. 3 juin 1859. B. n. 140.

La présence à l'audience des personnes même étrangères au barreau, lorsqu'il n'y a pas eu de réclamations, ne peut être réputée préjudiciable à la défense. C. 19 avril 1841. B. n. 48.

68. (Suite.)

Le jugement qui ordonne le huis-clos est suffisamment constaté par son insertion dans le corps du jugement définitif. C. 11 avril 1855. B. n. 137.

Interdiction de compte rendu des débats.—Aux termes de l'art. 17 du décret du 17 fév. 1852, le tribunal peut d'office, et sans entendre les parties, interdire aux journaux de rendre compte d'une affaire. C. 23 avril 1857. B. n. 163.. C. 24 fév. 1860. B. n. 58.

D'après l'art. 190 du code d'instr., le procureur impérial, la partie civile ou son défenseur, et à l'égard des délits forestiers, le conservateur, inspecteur, ou sous-inspecteur forestier, ou, à leur défaut, le garde général, exposeront l'affaire (n. 69[1]). — Les procès-verbaux ou rapports, s'il en a été dressé, seront lus par le greffier (n. 69[2]). — Les témoins pour et contre seront entendus, s'il y a lieu, et les reproches proposés et jugés (n. 69[3]). — Les pièces pouvant servir à conviction ou à décharge seront représentées aux témoins et aux parties (n. 69[5]). — Le prévenu sera interrogé (n. 69[8]). — Le prévenu et les personnes civilement responsables proposeront leurs défenses ; le procureur impérial résumera l'affaire et donnera ses conclusions; le prévenu et les personnes civilement responsables du délit pourront répliquer (n. 69[9]).

L'ordre de la discussion indiqué dans l'art. 190, n'est pas prescrit à peine de nullité. C. 21 oct. 1831. J. du P.

L'art. 190 ne prescrit pas, à peine de nullité, l'exposé de l'affaire.

Formalités exigées pour la validité des procès-verbaux ; — foi due aux procès-verbaux de chasse; — comment un procès-verbal cru jusqu'à preuve contraire peut être combattu ; — possibilité de suppléer aux procès-verbaux par des témoignages et par l'aveu du prévenu. Voy. n. 42 à n. 56.

Le juge peut d'office ordonner l'audition de témoins que le ministère public et la partie civile n'avaient pas appelés, et peut enjoindre au ministère public d'assigner ces témoins. C. 17 mai 1844. B. n. 174.

Un tribunal ne peut pas ordonner que la partie civile comparaîtra comme témoin ; c'est violer l'art. 322 du code d'instr. C. 5 janv. 1838. B. n. 2.

Les juges d'appel peuvent ordonner soit la réaudition des témoins déjà entendus en première instance (C. 31 janv. 1835. B. n. 46), soit l'audition de témoins nouveaux. C. 30 nov. 1832. D. 40. 1. 362. — Ils peuvent ordonner que les témoins cités originairement par le ministère public, le seront en appel par le prévenu. C. 31 janv. 1835. B. n. 46.

D'après l'art. 30 de la loi du 22 janv. 1851, le président du tribunal peut ordonner l'assignation des témoins qui lui sont indiqués par le prévenu indigent.

Pour faire citer des témoins, le ministère public n'est pas obligé d'obtenir l'autorisation du tribunal, qui a d'ailleurs le droit de refuser de les entendre, s'il est suffisamment éclairé. C. 24 sept. 1831. B. n. 235.

Le juge n'est pas tenu d'entendre les témoins dont l'audition lui paraît inutile. C. 3 sept. 1831. B. n. 206.

---

69. Instruction d'une affaire à l'audience du tribunal correctionnel ; exposé, lecture des procès-verbaux, audition des témoins, représentation des pièces à conviction, interrogatoire du prévenu, plaidoiries.

69[1]. Exposé de l'affaire.
69[2]. Lecture des procès-verbaux.

69[3]. Audition des témoins. — Formalités à observer ; nomination d'un interprète, prestation de serment des témoins ; notes à tenir des dépositions. — Témoins reprochables. — Témoins ne devant pas prêter serment. — Témoins refusant, soit de prêter serment, soit de déposer. — Faux témoins. — Témoins défaillants.

Le tribunal peut refuser d'entendre les témoins à décharge indiqués en appel par le prévenu. C. 27 juin 1846. J. du. P. 49. 2. 454.

Formalités pour l'audition des témoins.

Le code d'instruction, art. 510 à 517, et le décret du 4 mai 1812, désignent les personnes, qui par leur rang ou par leurs fonctions, sont dispensées de comparaître comme témoins, et règlent le mode de leur audition. Voy. aussi au décret du 4 mai 1812, le cérémonial à observer à l'égard de certains personnages, lorsqu'ils déposent en justice.

S'il y a lieu de nommer un interprète, voy. les art. 332 et 333 du code d'instruction. — La formule de l'art. 332 n'est pas sacramentelle ; il suffit que le serment prêté impose les mêmes obligations. C. 4 fév. 1819. B. n. 14. — Pour être interprète, il n'est pas nécessaire d'être français et de jouir des droits civils; un étranger, un domestique peuvent être interprètes. C. 2 mars 1827. S. 27. 1. 433. — Une femme qui a 21 ans, peut être appelée à remplir le ministère d'interprète. C. 16 avril 1818. B. n. 52. — La disposition de l'art. 332, relative à la nomination d'un interprète pour un sourd-muet, est simplement indicative. C. 27 mars 1834. B. n. 102. — L'âge de 21 ans n'est pas exigé pour l'interprète des sourds-muets accusés ou témoins. C. 22 déc. 1824. B. n. 196. — Jugé que le plaignant peut être nommé interprète d'un accusé sourd-muet, s'il est constaté que ce témoin est la seule personne qui puisse converser avec le sourd-muet. C. 3 juill. 1846. B. n. 173.

Un témoin peut déposer armé (C. 16 juin 1836. B. n. 195), et la main gantée. C. 27 janv. 1853. B. n. 34.

Aucune disposition de la loi n'exige qu'en prêtant le serment prescrit, le témoin lève la main droite. C. 8 oct. 1840. B. n. 299.

Les témoins doivent, avant de commencer leur déposition, même avant de dire leurs noms, profession et demeure, prêter le serment prescrit par la loi. C. 18 mars 1841. B. n. 71.

Les témoins doivent, à peine de nullité, prêter à l'audience le serment de dire toute la vérité, rien que la vérité (art. 155 du code d'instr.). C. 9 mars 1849. J. du P. 50. 1. 649. — La formule est sacramentelle (C. 27 avril 1855. B. n. 141); toutefois il n'y a pas nullité si le témoin prête le serment d'après l'art. 317 du code d'instr.; la formule de cet article comprend celle de l'art. 155. C. 1er juin 1838. B. n. 151.

Les présidents des tribunaux de répression ne peuvent pas, comme les présidents d'assises, faire entendre des témoins sans prestation de serment, en vertu du pouvoir discrétionnaire. C. 24 mai 1833. D. 33. 1. 256.. C. 30 avril 1852. B. n. 141.

En matière correctionnelle, le ministère public peut adresser des questions aux témoins directement et sans l'intermédiaire du président. C. 19 sept. 1834. B. n. 311. — Les témoins peuvent être interrogés sur des faits à l'égard desquels le prévenu a été poursuivi antérieurement et acquitté. C. 7 janv. 1836. B. n. 5.

Si le ministère public s'oppose à ce qu'une question soit posée par le défenseur, c'est au tribunal à statuer. C. 16 août 1833. B. n. 315.

69 [5]. (Suite.)

D'après l'art. 189 du code d'instruction, le greffier tiendra note des déclarations des témoins et des réponses du prévenu ; les notes du greffier seront visées par le président dans les 3 jours de la prononciation du jugement. — Relativement à la nécessité du visa par le président, voy. C. 30 avril 1842. B. n. 106.

Il faut que les notes d'audience ou le jugement mentionnent la prestation du serment. C. 25 juin 1859. B. n. 156. — Il ne suffit pas de constater que les témoins ont prêté le serment voulu par la loi (C. 13 août 1858. B. n. 229) ; on doit, à peine de nullité, ou rappeler les termes du serment prêté, ou constater que les témoins ont prêté le serment dans les termes exigés par l'art. 155 du code d'instruction. C. 20 juin 1861. B. n. 128.

En appel, la tenue des notes d'audience par le greffier, pour constater les noms des témoins et leurs principales déclarations, n'est pas prescrite à peine de nullité, et peut être suppléée, quant au serment, par les termes de l'arrêt. C. 1er juin 1838. B. n. 150.

Le jugement est nul si le juge a pris pour élément de sa décision une déposition reçue contrairement à la loi. C. 25 juin 1859. B. n. 166. C. 4 fév. 1860. B. n. 31.

Témoins à l'audition desquels on peut s'opposer.

Le prévenu qui fait entendre des témoins, n'est pas tenu de notifier leurs noms au ministère public vingt-quatre heures avant l'audience. L'art. 315 du code d'instr. n'est applicable qu'aux assises. Besançon, 17 déc. 1844. J. du P. 46. 1. 560.

En police correctionnelle, une citation n'est pas exigée, à peine de nullité, pour que le témoin soit admis à déposer sous la foi du serment. Grenoble, 31 déc. 1847. D. 50. t. 441.

La loi ne s'oppose pas à ce qu'on entende celui qui a assisté à la déposition d'un autre témoin. C. 4 juin 1847. B. n. 121.

La prohibition de l'art. 322 ne peut être étendue au delà des degrés de parenté et d'alliance qui sont déterminés. C. 13 janv. 1820. B. n. 6. — Il faut entendre avec serment le témoin qui déclare qu'il est parent du prévenu, sans pouvoir dire à quel degré. C. 17 oct. 1836. B. n. 349.

L'époux de la sœur de la femme de l'accusé n'est pas beau-frère de l'accusé. C. 16 mars 1821. B. n. 50. — L'oncle de l'accusé peut être entendu ; il n'est pas compris dans les exceptions de l'art. 322. C. 13 janv. 1820. B. n. 6. — Même décision pour le neveu de l'accusé. C. 23 janv. 1835. B. n. 30.

L'art. 322 n'établit pas de distinction entre les enfants légitimes et les enfants naturels. C. 19 sept. 1832. D. 33. 1. 70.

Le gendre de l'accusé ne peut être entendu, si l'une des parties s'y oppose. C. 9 déc. 1852. B. n. 398.

Le fils du premier lit d'un homme marié en secondes noces, ne peut être entendu contre la seconde femme de son père. C. 8 mai 1862. B. n. 126.

L'alliance ne cesse pas par le décès de l'époux qui la formait et des enfants issus du mariage. C. 10 sept. 1840. B. n. 263.

Le plaignant, lorsqu'il s'est constitué partie civile, est assimilé au dénonciateur salarié, et ne peut être entendu. C. 18 mars 1852.

B. n. 95. — On ne peut pas repousser le témoin qui, avant son audition, a formé devant le tribunal civil une demande en dommages, fondée d'ailleurs sur le même fait; ce témoin n'est pas partie dans l'instance criminelle. C. 27 janv. 1853. B. n. 32.

On ne peut pas écarter un témoin, parce qu'il a un intérêt plus ou moins direct dans la cause. C. 11 avril 1861. B. n. 77.

On peut entendre le rédacteur du procès-verbal. C. 6 juill. 1821. B. n. 112.. C. 19 juin 1846. B. n. 157. — Le garde rédacteur peut être entendu contre son parent. C. 8 mai 1862. B. n. 126.

Le juge de première instance, ne peut pas déposer en appel sur des faits qu'il a déjà appréciés dans le jugement attaqué. Douai, 11 janv. 1844. D. 45. 1. 499. — Le juge d'instruction peut être entendu comme témoin. C. 8 août 1851. S. 52. 1. 220.

Le co-prévenu qui a acquiescé à la condamnation prononcée contre lui par le tribunal correctionnel, n'est plus partie au procès; et, s'il est entendu comme témoin en appel, il doit prêter serment. C. 30 juill. 1847. S. 47. 1. 833.

On peut entendre des témoins qui rapportent les dires de personnes que la loi ne permet pas d'entendre à cause de leur parenté. C. 30 mai 1818. B. n. 68.

Le ministère public et l'accusé peuvent s'opposer à l'audition de témoins qu'ils ont eux-mêmes cités. C. 13 janv. 1853. B. n. 14.

Un témoin reprochable peut ête entendu avec serment, lorsqu'il n'y a pas d'opposition. C. 18 mars 1852. B. n. 95.

Le frère et la sœur d'un témoin reprochable peuvent être entendus comme témoins. C. 8 août 1851. B. n. 332.

Le prévenu peut s'opposer à l'audition d'une personne reprochable, même après qu'elle a prêté le serment, et tant qu'elle n'a pas commencé sa déposition. C. 15 sept. 1831. B. n. 223.

Le président peut, de sa seule autorité, écarter des débats le témoin qui a été reproché. C. 12 janv. 1837. D. 37. 1. 501.

Témoins ne devant pas prêter serment. — D'après les art. 28 et 34 du code pénal, l'individu condamné à une peine afflictive et infamante, et qui n'a point été réhabilité, ne peut déposer en justice autrement que pour donner de simples renseignements. C. 15 janv. 1838. B. n. 15. — Mais l'audition avec serment n'entraîne pas de nullité, si elle a eu lieu sans opposition. C. 17 mars 1842. B. n. 64.. C. 15 juin 1860. B. n. 135. — L'amnistie rétablit un condamné dans l'exercice des droits dont il avait été privé par l'art. 28 du code pénal. C. 20 juin 1829. B. n. 140. — Le témoin qui s'est pourvu contre l'arrêt qui le prive du droit de témoignage, doit prêter serment. C. 20 janv. 1844. B. n. 22.

Le mineur de 15 ans ne doit pas prêter serment; il dépose conformément à l'art. 79 du code d'instr. C. 2 mars 1855. B. n. 81.

La prestation de serment d'un enfant, âgé de moins de quinze ans, n'entraîne pas la cassation. C. 8 mars 1838. D. 38. 1. 452.

La loi laisse aux présidents la faculté d'entendre, avec ou sans serment, les enfants de moins de 15 ans. C. 6 sept. 1851. B. n. 374.. C. 1er oct. 1857. B. n. 355.

69 ⁵. (Suite.)

Témoins refusant, soit de prêter serment, soit de déposer.

Le témoin repris de justice qui refuse de déposer sous la forme de simples renseignements doit être condamné à l'amende de l'art. 80 du code d'instr. C. 13 janv. 1838. B. n. 15.

Des témoins qui ne professent pas la religion de la majorité, peuvent demander à être admis au serment selon le rit établi par leur culte; mais, s'ils prêtent le serment en la forme ordinaire, sans réclamation de leur part, il est pleinement satisfait au vœu de la loi. C. 19 mai 1826. B. n. 101.. C. 18 nov. 1847. B. n. 278.

La promesse de secret garantie sous serment, hors le cas de l'art. 378 du code pénal, n'est jamais un motif de refuser à la justice les révélations qu'elle demande dans l'intérêt de la société. C. 8 mai 1828. B. n. 139.

Un prêtre n'est pas tenu de révéler ce qu'il a appris par la confession. C. 30 nov. 1810. B. n. 151.

L'obligation de l'avocat de ne pas révéler les faits venus à sa connaissance dans l'exercice de sa profession, est d'ordre public. C. 11 mai 1844. B. n. 170.. C. 24 mai 1862. B. n. 139. — Même décision à l'égard des avoués. C. 18 juin 1835. B. n. 241. — Mais les avocats (C. 14 sept. 1827. S. 28. 1. 391) et les avoués (C. 18 juin 1835. B. n. 241.. C. 6 janv. 1835. B. n. 6), peuvent être obligés à prêter serment, si le juge restreint leurs dépositions aux faits qu'ils ont appris autrement que dans l'exercice de leurs fonctions.

La dispense établie par la jurisprudence pour les avocats et les avoués, mesure tout exceptionnelle en faveur du droit sacré de la défense, ne peut être étendue aux notaires que leur profession n'appelle pas à défendre l'accusé. C. 23 juill. 1830. B. n. 195. — Les notaires peuvent être dispensés de déposer des faits qui leur ont été révélés sous le sceau du secret. C. 10 juin 1853. B. n. 209.

L'art. 378 du code pénal ne dispense pas les médecins et les autres personnes qu'il désigne, de déposer des faits à leur connaissance; l'art. 378 n'a pour objet que de punir les révélations indiscrètes, et non celles jugées utiles dans l'intérêt de la société. C. 23 juill. 1830. B. n. 195.

Le médecin ne peut se refuser à déposer, sous prétexte que le fait sur lequel on l'interroge est venu à sa connaissance dans l'exercice de sa profession; mais il en est autrement, quand le fait lui a été confié sous le sceau du secret auquel il est astreint à raison de sa profession. C. 30 juill. 1845. B. n. 245.

Faux témoins. — Voy. art. 330 et 331 du code d'instr.

Un témoin qui dépose par forme de renseignements, ne peut pas être poursuivi comme faux témoin. C. 28 avril 1831. B. n. 96.

Aucun motif d'intérêt personnel ne peut dispenser le témoin de dire la vérité. C. 23 déc. 1847. D. 48. 1. 29.

Lorsque le témoin a rétracté sa déposition mensongère avant la clôture des débats, il n'y a plus crime de faux témoignage. C. 19 avr. 1839. B. n. 129.

Les art. 330 et 331 du code d'instr. sont applicables en police correctionnelle. C. 3 mai 1849. D. 49. t. 376.

L'art. 330 n'accorde qu'au président le droit de statuer sur l'arrestation d'un témoin, soit d'office soit sur la demande a lui adressée. C. 25 avril 1840. B. n. 116. — Le président peut d'office ordonner qu'un témoin suspect de faux témoignage, sera gardé à vue jusqu'à la fin des débats. C. 28 déc. 1838. B. n. 391.

Le renvoi d'une affaire, fondée sur l'existence d'un faux témoignage, est purement facultatif. C. 10 mai 1839. B. n. 153.. C. 27 mars 1856. B. n. 121. — Si l'affaire est renvoyée, l'accusation de faux témoignage doit être jugée avant l'affaire dans laquelle le faux témoignage a eu lieu, afin de purger l'accusation des faits mensongers. C. 20 mai 1813. B. n. 107.. C. 20 déc. 1845. B. n. 369.

Témoins défaillants. — Voy. art. 157, 158 et 80 du code d'instr.

Lorsqu'un témoin ne satisfait pas à la citation, le tribunal, sur le premier défaut, peut prononcer l'amende de l'art. 80 ; et en cas d'un second défaut, le tribunal peut ordonner que le témoin sera amené par la force publique (art. 157 et 355 du code d'instr.).

Si le témoin défaillant allègue une excuse fausse ou produit un faux certificat de maladie, voy. art. 159, 160 et 236 du code pénal.

Le jugement qui condamne un témoin à l'amende, n'est pas susceptible d'appel. Nancy, 16 oct. 1842. J. du P. 43. 1. 270.. Contrà. Metz, 20 août 1821. J. P.

Le tribunal peut ordonner que, pour recevoir la déclaration du témoin malade, il se transportera chez lui avec le ministère public, le greffier, le prévenu et le défenseur (art. 83 du code d'instr.). C. 12 nov. 1835. D. 36. 1. 59.

Le tribunal, en l'absence d'un témoin, peut retenir l'affaire ou la renvoyer à un autre jour, suivant qu'il juge la présence du témoin nécessaire ou non à la manifestation de la vérité. C. 12 janv. 1832. B. n. 12.. C. 15 déc. 1853. B. n. 581. — Avant de statuer, il n'est pas nécessaire d'interpeller le prévenu qui prend la parole, s'il le juge à propos. C. 22 fév. 1855. B. n. 57.

69 h. Lecture des dépositions écrites. Les juges peuvent ordonner la lecture de la déposition d'un témoin décédé avant l'audience; les juges ont le droit de faire entrer dans les éléments de leur conviction les documents écrits de la procédure. C. 22 déc. 1853. B. n. 593.

Lorsque le prévenu s'oppose à ce que le ministère public donne lecture des dépositions de personnes entendues dans l'instruction écrite, il appartient au tribunal de décider si cette lecture est utile à l'intérêt de le justice, et si elle doit avoir lieu. Nîmes, 28 juin 1838. S. 38. 2. 387.

La loi n'exige pas qu'en appel il soit donné lecture des notes retenues à l'audience du tribunal correctionnel, et contenant les principales déclarations des témoins (dans l'espèce, on s'était borné à en rapporter la substance). C. 11 sept. 1840. D. 40. 1. 441.

La disposition de l'art. 156 du code d'instr., qui défend d'entendre certaines personnes, s'applique en appel, tout aussi bien à la lecture des notes qui ont pu être retenues en première instance où le prévenu a fait défaut, qu'à la déposition orale elle-même; d'où suit que le juge a pu, sur les conclusions du prévenu, et sans égard aux réquisitions contraires du ministère public, ordonner que cette lecture n'aurait pas lieu. C. 31 juill. 1830. D. 30. 1. 361.

69 ⁵. Représentation des pièces à conviction ou à décharge, au prévenu et aux témoins.

Le défaut de représentation des pièces à conviction ne peut porter atteinte aux droits de la défense, qu'autant que le prévenu aurait demandé que les pièces lui fussent représentées ou le fussent aux témoins, et qu'il n'aurait pas été obtempéré à cette demande. C. 2 oct. 1845. B. n. 310.

Lorsque le prévenu méconnaît l'identité des pièces de conviction, en se fondant sur l'irrégularité de leur transmission, cette dénégation, si elle est fondée, dépouille ces pièces de leur valeur judiciaire (voy. l'espèce). C. 8 fév. 1838. B. n. 38.

Le tribunal peut refuser l'apport de pièces saisies chez le prévenu, par le motif que cela n'est pas utile à la manifestation de la vérité. C. 4 fév. 1858. B. n. 29.

On peut faire aux débats tel usage des pièces de conviction que peuvent le prescrire les nécessités imprévues de l'instr. C. 17 janv. 1839. B. n. 24.

69 ⁶. Expertise. — Nomination, récusation, serment des experts.

Voy. art. 43 et 44 du code d'instr. — Le tribunal qui juge une expertise nécessaire, ne peut, à peine de nullité, y procéder lui-même ; l'expertise doit émaner de gens de l'art. C. 26 sept. 1840. D. 40. 1. 444. — Le juge peut, suivant les cas, ne nommer qu'un ou deux experts. C. 23 juill. 1836. B. n. 240.

L'expert qui a procédé à une première expertise, peut être désigné pour concourir à une seconde expertise dans la même affaire. C. 8 déc. 1860. B. n. 280.

A défaut de dispositions dans la loi spéciale, la récusation des experts est régie par les art. 308 et suiv. du code de procédure civile. Nantes, 28 mars 1845. D. 46. t. 275. — Le jugement qui rejette la récusation proposée contre des experts, n'est qu'un jugement préparatoire. C. 26 juin 1834. S. 35. 1. 56.

L'expert doit, à peine de nullité, prêter le serment prescrit par l'art. 44 du code d'instr. (C. 23 janv. 1841. D. 41. 1. 372) ; il ne peut en être dispensé, même avec le consentement des parties. Même arrêt. — La formule de l'art. 44 n'est pas sacramentelle. C. 16 juill. 1829. S. 29. 1. 305. — Il suffit de constater au jugement que les experts ont prêté le serment voulu par la loi. C. 20 déc. 1855. B. n. 405.

Celui qui, après avoir opéré comme expert dans l'instruction, est appelé aux débats comme témoin, ne doit prêter que le serment de témoin. C. 19 fév. 1841. D. 41. 1. 374. — Celui qui a prêté serment comme témoin, doit prêter le serment d'expert, si, dans le cours des débats, il est chargé d'une expertise. C. 8 avril 1847. D. 47. t. 439.

Le tribunal qui ordonne une seconde expertise, peut autoriser les premiers experts à communiquer avec les nouveaux. C. 21 juill. 1843. B. n. 188.

S'il s'élève des difficultés relativement à la taxe des frais réclamés par les experts, voyez C. 22 déc. 1860. B. n. 298.

Au correctionnel, il n'est pas nécessaire, comme au civil, que les parties soient mises en demeure de comparaître à l'expertise. C. 15 mars 1845. B. n. 102.

La nullité d'une expertise n'entraîne pas la nullité du jugement, si le juge s'est fondé exclusivement sur d'autres éléments. C. 21 fév. 1856. B. n. 77.

69 ⁷. Visite de lieux.

Lorsqu'un tribunal de répression reconnaît l'utilité de constater l'état des lieux, il doit ordonner que la visite sera faite en présence de toutes les parties. L'instruction doit être contradictoire. C. 14 sept. 1850. D. 50. t. 135. — Un tribunal ne peut fonder sa décision sur une visite des lieux par lui faite sans l'avoir contradictoirement annoncée et sans avoir mis les parties à même d'y assister. C. 14 janv. 1848. B. n. 117.. C. 2 mai 1856. B. n. 165.. C. 22 août 1861. B. n. 191. — Le jugement définitif doit constater que les parties ont été présentes à la visite des lieux, ou légalement mises en demeure d'y assister. C. 6 avril 1838. D. 38. 1. 457.. C. 13 nov. 1847. B. n. 277.

69 ⁸. Interrogatoire du prévenu. — Refus de répondre. — Aveu.

D'après l'art. 189 du code d'instr., le greffier doit tenir note des réponses du prévenu.

L'omission de l'interrogatoire du prévenu n'est pas une cause de nullité, s'il n'en est résulté aucun préjudice pour la défense. C. 19 mai 1860. B. n. 126.

L'interrogatoire du prévenu en appel, n'est pas prescrit à peine de nullité (dans l'espèce, le magistrat rapporteur avait littéralement fait connaître l'interrogatoire subi en première instance). C. 11 sept. 1840. B. n. 27.

Refus de répondre. — Le refus de répondre à l'interrogatoire du président par un prévenu en état de détention, peut être assimilé au refus de comparaître dont parle l'art. 4 de la loi du 9 sept. 1835, et autorise le tribunal à ordonner qu'il sera passé outre aux débats conformément à l'art. 9 de la même loi. C. 14 oct. 1853. B. n. 513. — Jugé depuis que le prévenu détenu et amené à l'audience, peut déclarer faire défaut, et refuser de répondre à tout interrogatoire. Il n'y a pas là ces circonstances exceptionnelles qui autorisent l'application de la loi du 9 sept. 1835. C. 13 août 1859. B. n. 203.

Aveu du prévenu — Les juges peuvent chercher les éléments de leur conviction dans tous les modes de preuve admis par l'ensemble de la législation, notamment dans les déclarations du prévenu. (C. 29 juin 1848. B. n. 193), et même dans les aveux de l'avoué qui représente le prévenu (voy. l'espèce). C. 30 janv. 1830. D. 30. 1. 97. — Le juge est le maître d'apprécier la forme probante de l'aveu du prévenu, mais il ne peut se refuser à faire de l'aveu la base d'une condamnation, par le motif qu'aucun procès-verbal n'a constaté le fait matériel du délit. C. 29 juin 1848. D. 48. 1. 44.. C. 28 avril 1859. B. n. 111.

De l'interrogatoire du prévenu, il peut résulter un commencement de preuve par écrit. C. 30 août 1851. B. n. 364.

69 ⁹. Plaidoiries. — Défense du prévenu et des personnes civilement responsables ; choix, désignation d'un défenseur ; communication des pièces. — Conclusions de la partie civile. — Réquisitoire du ministère public. — Répliques.

Plaidoiries. — L'ordre de la discussion n'est pas prescrit à peine de nullité. C. 21 oct. 1831. J. du P.

Défense du prévenu et des personnes civilement responsables.

Le prévenu peut choisir son défenseur parmi les avocats attachés à l'un des barreaux de France (voy. ordonnance du 27 août 1830) ou parmi les avoués. C. 26 janv. 1828. D. 28. 1. 107.

69 °. (Suite)

— Les avoués ne peuvent être admis à représenter et à défendre un prévenu que devant le tribunal auquel ils sont attachés par l'acte de leur nomination. C. 7 mars et 12 janv. 1828. D. 28. 1. 167 et 107. — Les prévenus ne peuvent être autorisés à confier leur défense à des parents ou à des amis. L'art. 205 du code d'instr. est spécial pour les assises. Bruxelles, 16 juin 1832. J. du P.

L'obligation de nommer un défenseur ne s'applique pas au cas où le prévenu n'est poursuivi que pour un simple délit correctionnel. C. 10 déc. 1831. S. 32. 1. 36.

Le prévenu ne peut se plaindre de ce qu'il lui a été désigné un conseil pour l'aider dans sa défense. C. 28 août 1847. B. n. 203.

D'après l'art. 29 de la loi du 22 janv. 1851, le président du tribunal doit désigner un défenseur au prévenu indigent qui en fait la demande, et qui est poursuivi par le ministère public ou détenu préventivement.

Si le prévenu demande un délai pour préparer sa défense, le tribunal peut l'accorder ou le refuser, selon les circonstances. C. 11 nov. 1841. D. 42. 1. 106.

La communication au greffe des pièces de la procédure est due en matière correctionnelle. C. 14 mai 1835. B. n. 180. — Au correctionnel le prévenu n'a pas le droit de demander copie des pièces. C. 24 août 1833. B. n. 335.

Conclusions de la partie civile. — Les art. 190 et 210 du code d'instr., confèrent à la partie civile le droit de fournir des explications à l'appui de sa plainte. C. 19 janv. 1837. B. n. 21. — Les juges peuvent demander à la partie civile les éclaircissements qui sont jugés nécessaires. Même arrêt.

Réquisitoire du ministère public. — Le ministère public doit, à peine de nullité, résumer l'affaire et donner ses conclusions, ou être mis en demeure de les donner ; et le jugement qui ne constate pas l'accomplissement de cette formalité, est nul. C. 2 fév. 1861. B. n. 32.

Il n'est pas nécessaire que le membre du parquet qui donne ses conclusions soit le même que celui qui a assisté aux audiences. Le ministère public est indivisible. C. 21 nov. 1843. D. 43. 1. 281.

Dans les causes importantes, les avocats généraux doivent communiquer leurs conclusions au procureur général. Voy. art. 48 et 49 du décret du 6 juillet 1810.

Dans son réquisitoire, le ministère public doit parler en homme juste et impartial. Instr. du 29 sept. 1791.

Le ministère public a pu, dans le cours des débats, produire des documents nouveaux, lorsque ces documents ont été soumis à la discussion et n'ont été l'objet d'aucune réclamation. C. 22 janv. 1857. B. n. 33.

Répliques. — Les art. 190 et 210 du code d'instr. donnent au prévenu et aux personnes civilement responsables du délit, la faculté de répliquer au ministère public. C. 21 juin 1821. B. n. 244.

·· Si le prévenu demande la réplique, le tribunal ne peut, à peine de nullité, la lui refuser, alors même qu'il ne s'agit que d'exceptions. C. 28 août 1841. D. 41. 1. 436.

Le ministère public a le droit de répliquer. C. 23 mai 1835. B. n. 209. — Le tribunal, s'il est assez éclairé, peut refuser la réplique au ministère public. C. 31 mars 1832. J. du P.

Après que le ministère public a requis, la partie civile ne peut prendre la parole. Rennes, 26 juill. 1849. J. du P.

JUGEMENTS DU TRIBUNAL CORRECTIONNEL ; SOMMAIRE.

Jugements à rendre par le tribunal ; délibération (n. 70). — Jugements sur diverses exceptions (n. 70¹). — Comment le tribunal est saisi et obligé de statuer au fond. Délit nouveau révélé à l'audience (n. 70²). — Faculté pour le tribunal de joindre des causes (n. 70³). — Faculté pour le tribunal d'ordonner des mesures d'instruction (n. 70⁴). — Appréciation et qualification des faits (n. 70⁵). — Jugement si le fait ne constitue qu'une contravention (n. 70⁶). — Jugement si le fait est de nature à constituer un crime (n. 70⁷). —Jugement d'acquittement (n. 70⁸). — Jugement de condamnation (n. 70⁹).— Rédaction des jugements (n. 70¹⁰). — Formule d'un jugement de condamnation (n. 70¹¹). — Jugements sur les demandes de mise en liberté provisoire (n. 70¹²). — Jugements sur les appels de simple police (n. 70¹³). — Jugements sur les demandes en interprétation (n. 70¹⁴).

70. Jugements à rendre par le tribunal ; délibération.
D'après l'art. 190 du code d'instr., le jugement sera prononcé de suite, ou au plus tard à l'audience qui suivra celle où l'instruction aura été terminée. — Cette disposition n'est pas prescrite à peine de nullité.

Il y a présomption légale qu'un jugement a été délibéré, quoique ce fait ne soit pas constaté. C. 25 nov. 1837. B. n. 411.

Lorsqu'au lieu de statuer immédiatement, le tribunal a mis la cause en délibéré, sans indiquer le jour où le jugement sera prononcé, le jugement est nul si le prévenu ne s'est trouvé présent à l'audience, ou s'il n'a été légalement mis en demeure d'y assister. C. 22 août 1862. B. n. 217.

70¹. Jugements sur diverses exceptions.
Si l'on excipe de ce que le tribunal n'est pas régulièrement saisi, voyez ci après, n. 70².

Si l'on excipe de la nullité de la citation, voyez n. 65.

Si l'on excipe du défaut de qualité de la partie poursuivante, voyez n. 57, 58 et 59.

Si l'on excipe du défaut d'autorisation pour poursuivre le prévenu, agent du gouvernement, voyez n. 60.

Si l'on excipe de l'incompétence du tribunal, à raison du lieu du délit, à raison du lieu de la résidence du prévenu ou du lieu de son arrestation, voyez n. 62.

Si l'on excipe de l'incompétence du tribunal à raison de la matière, le fait incriminé constituant soit une simple contravention, soit un crime, voyez n. 70⁶ et 70⁷.

Si l'on excipe de l'incompétence du tribunal à raison de la personne, le prévenu étant un fonctionnaire justiciable de la cour impériale, voyez n. 63.

Si l'on excipe de la chose jugée, voyez n. 57.

Si l'on excipe de l'amnistie, voyez n. 57.

Si l'on excipe de la prescription, voyez n. 61.

Si le prévenu poursuivi pour délit de chasse, excipe de ce que l'arrêté préfectoral n'est pas obligatoire, soit parce que l'ar-

70 ¹. (Suite.)

rêté n'est pas conforme à la loi (Poitiers, 16 nov. 1844 D. 45. 2. 24), soit parce qu'il n'a pas été publié, voyez n. 3 ; — si le prévenu excipe d'une permission de chasse, d'un bail ou du droit de propriété, voyez n. 9 ; — s'il excipe de sa bonne foi, voyez n. 27.

Les demandes, à fin d'incompétence, doivent être jugées in limine litis. C. 25 juin 1825. B. n. 123. — Le tribunal peut joindre au fond l'exception d'incompétence, lorsqu'elle se lie au fond. C. 26 avril 1856. B. n. 165.. C. 7 déc. 1844. B. n. 392.

La règle non bis in idem, consacrée par l'art. 360 du code d'instr., ne reçoit son application que dans le cas où le fait qui est l'objet de la poursuite, est le même que celui qui a déjà motivé une poursuite antérieure. C. 1er août 1861. B. n. 170.

L'exception de prescription doit être examinée préalablement à l'exception tirée de la propriété du sol sur lequel la contravention a été commise. C. 9 juill. 1859. B. n. 174.

On peut, tout en admettant l'exception de la prescription, s'expliquer sur les faits dans un sens défavorable au prévenu. C. 7 avril 1854. B. n. 101.

70 ². Comment le tribunal est saisi et obligé de statuer au fond. Délit nouveau révélé à l'audience.

Le tribunal, lorsqu'il est saisi, ne peut se refuser à prononcer sur le fond de l'affaire qu'en déclarant son incompétence. C. 18 nov. 1824. B. n. 165.

Le tribunal compétemment saisi doit statuer sur la prévention, nonobstant la connexité des faits incriminés avec d'autres appartenant à la juridiction criminelle (C. 1er sept. 1848. J. du P. 48. 2. 434), nonobstant le désistement du ministère public (Rouen, 23 janv. 1850. S. 51. 2. 370), nonobstant le désistement de la partie civile poursuivante. C. 8 mars 1860. B. n. 71.

Le tribunal correctionnel est valablement saisi par la comparution volontaire des parties (art. 147 du code d'instr.). C. 9 juin 1853. B. n. 208.

Le tribunal correctionnel n'est pas saisi par la citation donnée à la partie civile par le prévenu. C. 1er déc. 1827. J. du P.

Le tribunal peut, par la citation, être saisi d'un fait à l'égard duquel l'ordonnance de renvoi a gardé le silence (C. 6 janv. 1837. S. 37. 1. 174) ; mais il en serait autrement, si l'ordonnance avait décidé qu'il n'y a lieu à suivre. C. 4 juin 1830. J. du P.

La citation à la requête du plaignant saisit le tribunal de l'action publique comme de l'action civile. C. 9 mai 1822. B. n. 71.

Si, avant toute défense au fond, il est reconnu que la partie civile poursuivante n'avait pas qualité pour agir, la citation inefficace pour servir de fondement à l'action civile, l'est également pour donner ouverture à l'action publique (C. 20 août 1847. B. n. 191), sauf au ministère public à introduire une action nouvelle. C. 14 fév. 1852. B. n. 65.

Lorsque la partie civile a seule été citée, le tribunal qui n'a point à prononcer sur l'application de la peine, est par là même incompétent pour statuer isolément sur l'action en dommages-intérêts. C. 9 juin 1832. B. n. 208. — Voyez les notes n. 37.

Un tribunal correctionnel ne peut se saisir lui-même. C. 6 mars 1847. J. du P. 47. 2. 398.

Un tribunal ne peut pas ordonner que des individus seront cités devant lui comme prévenus; c'est empiéter sur les droits du ministère public. C. 7 mars 1857. B. n. 103.

Un tribunal correctionnel ne peut pas ordonner que le prévenu sera poursuivi pour de nouveaux faits. C. 11 sept. 1840. D. 40. 1. 441.

Lorsque, dans le cours des débats, un délit nouveau se révèle contre le prévenu, le tribunal n'est pas saisi de la connaissance de ce délit nouveau; il doit se borner à réserver l'action au ministère public. Il ne peut pas renvoyer le prévenu devant le juge d'instruction. C. 10 sept. 1836. S. 37. 1. 508.

Un tribunal correctionnel ne peut statuer légalement sur un délit nouveau dont les débats ont révélé l'existence, qu'autant que le prévenu, non en arrestation, consent expressément et spontanément à être jugé aussi sur ce point. C. 9 juin 1853. B. n. 208.

Le tribunal saisi du délit d'usure, peut se saisir du délit d'escroquerie que les débats révèlent comme se rattachant aux faits d'usure. C. 7 août 1847. B. n. 178.

Un tribunal ne peut d'office substituer au prévenu qui lui est dénoncé, un tiers qui vient se déclarer l'auteur de la contravention; mais il est compétemment saisi, lorsque le ministère public a accepté l'intervention et conclu contre le tiers intervenant. C. 15 juill. 1859. B. n. 182.

Le tribunal n'est pas saisi par des conclusions reconventionnelles du prévenu contre le plaignant, si celui-ci ne consent pas à défendre, comme prévenu, à ces conclusions. C. 7 déc. 1854. B. n. 336.

70 ³. Faculté pour le tribunal de joindre des causes.

Les tribunaux peuvent ordonner la jonction des causes dont ils sont simultanément saisis, même hors des cas prévus par les art. 307, 226 et 227 du code d'instr. C. 25 nov. 1837. B. n. 410.

70 ⁴. Faculté pour le tribunal d'ordonner des mesures d'instruction.

Tout tribunal a droit d'ordonner d'office les mesures d'instruction qui lui semblent propres à faciliter la manifestation de la vérité. C. 11 sept. 1840. D. 40. 1. 441.

Le tribunal doit procéder lui-même à l'instruction de l'affaire; il ne peut pas déléguer un juge d'instruction pour y procéder. C. 31 août 1833. S. 34. 1. 62.

Le tribunal ne peut statuer sur les incidents de l'instruction qui a lieu devant lui, qu'après avoir entendu le ministère public. C. 30 sept. 1843. S. 43. 1. 927.

70 ⁵. Appréciation et qualification des faits.

Les juges, remplissant les fonctions de jurés, peuvent se livrer à l'appréciation de tous les éléments de conviction que l'instruction a réunis. C. 4 sept. 1841. D. 41. 1. 437.

Les juges ne sont pas liés par la qualification donnée aux faits, soit par la citation, soit par l'ordonnance de renvoi (C. 2 juill. 1853. B. n. 340); mais les faits qui motivent la condamnation doivent être les mêmes que ceux qui ont motivé la mise en prévention. C. 17 janv. 1829. B. n. 11.

La circonstance que la partie poursuivante n'a conclu qu'à l'application de la loi pour chasse sans permis, n'empêche pas le tribunal de déclarer le prévenu coupable, en outre, d'avoir chassé

70 ⁵. (Suite.)

sans le consentement du propriétaire, si ce double délit résulte du procès-verbal. C. 21 août 1852. 5. 53. 1. 785.

Un individu déclaré non coupable d'avoir chassé sur un terrain couvert de récoltes, a pu être condamné, en vertu de l'art. 471 n. 13 du code pénal, pour avoir passé sur un terrain ensemencé (voyez l'espèce). C. 4 juill. 1845. B. n. 219.

Le juge peut déclarer coupable de vol l'individu poursuivi pour délit d'abus de confiance; le juge a le pouvoir d'assigner aux faits leur véritable qualification. C. 25 sept. 1856. B. n. 323.

Le prévenu poursuivi pour rébellion simple, peut être condamné pour rébellion en réunion de trois personnes. Les juges peuvent atténuer ou aggraver la prévention suivant ce qui résulte de l'instruction ou des débats. C. 3 juill. 1848. S. 50. 1. 28.

L'individu prévenu de vagabondage ne peut être déclaré coupable d'infraction de ban, ce délit n'étant pas compris virtuellement dans la qualification du fait, objet primitif de l'action. C. 24 juin 1836. D. 36. 1. 400.

Celui qui est poursuivi pour vol de titre, ne peut être déclaré coupable de destruction de ce même titre; c'est seulement à raison du fait énoncé dans la citation que le prévenu est averti de préparer sa défense, et qu'il peut par conséquent être condamné. C. 16 janv. 1847. B. n. 9.

70 ⁶. Jugement si le fait ne constitue qu'une contravention.

D'après l'art. 192 du code d'instr., si le fait n'est qu'une contravention de police, et si la partie publique ou la partie civile n'a pas demandé le renvoi, le tribunal appliquera la peine, et statuera s'il y a lieu sur les dommages-intérêts. Dans ce cas le jugement sera en dernier ressort.

Voyez au n. 62 les notes sur l'art. 192. — Relativement aux dommages-intérêts, voyez n. 37.

70 ⁷. Jugement si le fait est de nature à constituer un crime.

D'après l'art. 193 du code d'instr., si le fait est de nature à mériter une peine afflictive et infamante, le tribunal pourra décerner de suite le mandat de dépôt ou le mandat d'arrêt; et il renverra le prévenu devant le juge d'instr. compétent.

Voyez au n. 62 les notes sur l'art. 193.

70 ⁸. Jugement d'acquittement.

D'après l'art. 191 du code d'instr., si le fait n'est réputé ni délit, ni contravention de police, le tribunal annullera l'instruction, la citation et tout ce qui aura suivi, renverra le prévenu et statuera sur ses demandes en dommages-intérêts.

Relativement aux dommages-intérêts, voyez n. 37.

On a toujours tenu pour maxime qu'en cas d'égalité de voix, l'avis le plus favorable à l'accusé devait prévaloir (C. 12 sept. 1845. J. du P. 46. 1. 604), soit sur les questions de fait, soit sur les questions de droit. C. 21 mai et 17 mai 1840. J. du P.

Est nul le jugement qui déclare un partage de voix; le partage emporte l'acquittement et ne peut être révélé sans violer le secret des délibérations. C. 9 juin 1859. B. n. 144.

Est nul pour défaut de motifs le jugement correctionnel qui acquitte le prévenu, en se bornant à dire que le délit n'est pas justifié. C. 5 avril 1860. B. n. 94.

Le tribunal doit expliquer si, en prononçant l'acquittement, il fonde sa décision sur ce que les faits ne sont pas prouvés, ou sur ce qu'ils ne constituent pas un délit. C. 20 janv. 1855. B. n. 18.. C. 21 juin 1856. B. n. 221. — Il faut faire connaître les faits pour permettre à la cour de cassation de juger si l'on a pu leur refuser le caractère de délit, la qualification légale ne pouvant être revisée qu'en la rapprochant des faits auxquels elle s'applique. C. 27 janv. 1860. B. n. 22.. C. 24 déc. 1858. B. n. 323.

Lorsqu'un fait n'est pas de nature à soulever des difficultés relativement à la qualification, et n'en a pas soulevé, le tribunal motive suffisamment son jugement, en déclarant qu'il n'est pas établi que le prévenu se soit rendu coupable du délit qu'on lui reproche (dans l'espèce il s'agissait d'un incendie causé par le mauvais état d'une cheminée). C. 10 août 1855. B. n. 285.

70 ⁹. Jugement de condamnation. Prescriptions à observer pour le prononcé.

Faits dont les prévenus peuvent être déclarés coupables; V. n. 70ᵏ.

Le tribunal, lorsqu'il prononce un jugement de condamnation, doit observer les prescriptions suivantes :

Il faut désigner le prévenu. — Si le prévenu est resté inconnu, on remplace la mention de ses noms, profession et demeure par toutes les énonciations propres à établir son individualité. C. 15 févr. 1849. B. n. 36.

Il faut énoncer le fait incriminé. — L'art. 195 du code d'instr. veut que, soit dans les motifs, soit dans le dispositif de tout jugement de condamnation, soient énoncés les faits dont les personnes citées sont jugées coupables ou responsables. C. 3 janv. 1851. B. n. 3.. C. 5 avril 1851. B. n. 136.

Il faut motiver le jugement. — Tout jugement doit être motivé (art. 7 de la loi du 20 avril 1810), et cette obligation n'est remplie qu'autant que les motifs répondent à chacun des chefs et à chacune des exceptions. C. 12 févr. 1843. D. 44. t. 262.

Toute poursuite donne au tribunal deux questions distinctes à juger, l'une relative à la vérité des faits, l'autre à leur qualification légale. C. 17 août 1844. B. n. 296. — Il faut qu'on puisse apprécier si le tribunal s'est décidé par des motifs de fait ou par des raisons de droit. C. 23 août 1851. B. n. 354.. C. 9 nov. 1861. B. n. 222.

Dans l'esprit de la loi du 20 avril 1810, des motifs insuffisants équivalent à un défaut absolu de motifs. C. 9 fév. 1849. B. n. 32.

Est suffisamment motivé le jugement qui décide qu'un individu est coupable d'avoir, à telle époque, dans tel endroit, soustrait frauduleusement tel objet au préjudice de telle personne (dans l'espèce aucune difficulté n'avait eu lieu relativement à la qualification). C. 4 nov. 1854. B. n. 307.

Le juge soit qu'il accorde, soit qu'il refuse le bénéfice des circonstances atténuantes, n'est pas tenu de donner les motifs de sa décision. C. 17 févr. 1842. B. n. 28.

Les juges, s'ils doivent nécessairement constater dans le jugement l'existence de toutes les circonstances exigées pour caractériser le délit, ne sont pas tenus de détailler tous les moyens de preuve à l'aide desquels ils ont acquis leur conviction, ni de répondre textuellement à chacun des arguments de la défense. C. 28 févr. 1857. B. n. 89.

70 ⁹. (Suite.)

Il y aurait nullité si l'on ne prononçait à l'audience que le dispositif du jugement. On peut toutefois insérer dans le jugement des motifs plus complets et plus développés que ceux qui ont été prononcés à l'audience. C. 23 avril 1829. B. n. 82.

Les jugements ne peuvent, à peine de nullité, contenir une censure, soit de la conduite du ministère public (C. 4 mai 1861. B. n. 100), soit de celle de l'autorité administrative (C. 13 nov. 1847. D. 47. t. 310), soit de celle de la gendarmerie. C. 21 mai 1858. B. n. 160.

Il faut appliquer la peine encourue. — En cas de conviction de culpabilité, le tribunal ne peut se dispenser d'appliquer au délinquant les peines édictées par la loi, lors même que le ministère public se serait abstenu ou aurait refusé d'en requérir l'application. C. 23 fév. 1839. D. 39. 1. 393.

Les juges doivent appliquer la peine, lors même que dans son exécution, elle devrait se confondre avec une condamnation antérieure, celle-ci pouvant être effacée par suite de la puissance souveraine ou par l'effet d'une révision. C. 17 mars 1848. B. n. 70.

Relativement aux peines encourues pour délits de chasse, voyez n. 2 à n. 42. — S'il y a récidive, voyez n. 33. — S'il y a concours de plusieurs délits, voyez n. 34. — Relativement aux frais, voyez n. 38. — Relativement à la solidarité, voyez n. 39. — Relativement à la contrainte par corps, voyez n. 40. — Relativement à la responsabilité civile, voyez n. 41.

Il faut statuer sur les dommages-intérêts. — Voy. les notes n. 37.

Il faut lire le texte de la loi pénale. — Le texte de la loi pénale dont on fait l'application, doit être lu à l'audience par le président (art. 195 du code d'instr.); mais l'erreur dans la citation n'est pas une cause de nullité, lorsque la peine prononcée est la même que celle portée par la loi qui s'applique au fait incriminé. C. 14 mars 1852. B. n. 89.. C. 14 sept. 1855. B. n. 321. — Dans le concours de plusieurs délits, on peut se borner à lire la peine la plus forte. C. 16 sept. 1831. J. du P.

70 ¹⁰. Rédaction des jugements. Prescriptions à observer pour le libellé.

Pour la rédaction des jugements eux-mêmes, voyez les notes ci-dessus, n. 70⁹.

Quant à la rédaction de l'espèce de procès-verbal qui accompagne les jugements, observer les prescriptions ci-après.

Constater la publicité de l'audience. — Il faut constater que l'audience a été publique (art. 190 du code d'instr., et que le jugement a été prononcé publiquement (art. 7 de la loi du 20 avril 1810). C. 15 fév. 1855. B. n. 42.

La mention de la publicité faite à la fin du libellé du jugement se réfère, à moins de preuve contraire, à toutes les audiences qui ont précédé la prononciation de la sentence. C. 21 déc. 1843. S. 44. 1. 96.

Indiquer la composition du tribunal. — Tout jugement doit renfermer la preuve de la composition régulière du tribunal dont il émane. C. 4 nov. 1843. B. n. 274.. C. 5 mai 1848. B. n. 139. Voyez les notes au n. 66.

Mentionner les conclusions du ministère public. — Il y a nullité si le jugement ne constate pas que le ministère public a donné ses conclusions. C. 22 juill. 1853. B. n. 365.

Constater que le prévenu a été entendu dans sa défense. — Il suffit de constater que le prévenu a été entendu dans sa défense; la loi ne prescrit pas d'insérer dans le jugement les moyens de défense qui ont été présentés. C. 6 déc. 1851. B. n. 511.

Insérer dans le jugement le texte de la loi pénale appliquée. — L'art. 195 du code d'instr. ne prescrit que l'insertion de la loi en vertu de laquelle on prononce une peine. C. 11 avril 1861. B. n. 76.

Dans le concours de plusieurs délits, il faut insérer le texte des diverses lois pénales qu'on applique. Metz, 14 déc. 1859.

L'art. 195 n'attache la peine de nullité, ni au défaut de mention de la lecture du texte de la loi, ni à l'omission d'insertion de ce texte dans le jugement de condamnation. C. 20 novembre 1851. B. n. 488.

Constater la présence du ministère public à la prononciation du jugement. — Est nul le jugement qui ne constate pas que l'officier du ministère public assistait à l'audience où le jugement a été prononcé. C. 10 nov. 1860. B. n. 233.

Veiller à la signature des jugements. — D'après l'art. 196 du code d'instr., la minute du jugement sera signée au plus tard dans les vingt-quatre heures par les juges qui l'auront rendu.

Le défaut de signature du greffier sur le jugement n'est pas une cause de nullité. C. 8 fév. 1839. S. 39. 1. 896.

L'absence d'une signature par force majeure, n'est pas une cause de nullité. Voyez C. 26 nov. 1825. S. C. n. 8. 224.

Le magistrat qui a pris part à un arrêt, doit le signer sans condition. C. 27 juin 1822. B. n. 90.

70 ⁴¹. Formule d'un jugement.

Tribunal correctionnel de...;

Audience publique du... (voy. n. 68);

Présents, Messieurs N. président, N. et N. juges, N. procureur impérial et N. greffier (voy. n. 66);

Entre le ministère public poursuivant et le nommé..., âgé de... ans, profession de..., né à..., demeurant à..., prévenu de....

Le ministère public a exposé l'affaire (voy. n. 69 ¹);

Les témoins ont déposé, après avoir prêté serment de dire toute la vérité, rien que la vérité (voy. n. 69 ³);

Le prévenu a été interrogé et a été entendu dans ses moyens de défense (voy. n. 69 ⁸);

Le ministère public a résumé l'affaire et a conclu à ce que.... (voy. n. 69 ⁹).

Jugement, après délibéré.

Attendu que des documents de la procédure et des dépositions des témoins, il résulte la preuve que le nommé... a fait telle chose dans tel lieu, à telle époque;

Attendu que ce fait constitue le délit prévu par tel article de loi;

Par ces motifs, vu ledit article de loi qui a été lu à l'audience et qui s'énonce ainsi: (transcrire les termes. Voy. n. 70 ¹⁰.)

Le tribunal déclare le nommé... coupable d'avoir, etc., le condamne à la peine de..., le condamne aux dépens.

Fait, jugé et prononcé publiquement en présence du ministère public (voy. n. 70 ¹⁰). Signatures (voy. n. 70 ¹⁰).

70^{12}. Jugements sur les demandes de mise en liberté provisoire.

Voyez art. 113 et suiv. du code d'instr.

Les tribunaux ont un pouvoir discrétionnaire pour accorder ou rejeter la demande de mise en liberté provisoire formée par le prévenu. C. 10 avr. 1862. B. n. 111.

Un tribunal ne peut pas accorder la mise en liberté provisoire, s'il n'est pas saisi de tous les faits imputés au prévenu. C. 13 janv. 1837. B. n. 19.

La liberté provisoire sous caution peut être demandée *en tout état de cause*, non-seulement par le prévenu avant le jugement, mais encore par le condamné en matière correctionnelle, tant que le jugement de condamnation n'a pas acquis l'autorité de la chose jugée. C. 17 juill. 1841. B. n. 213.

Pendant le pourvoi en cassation, la demande doit être portée devant la juridiction qui a rendu le jugement ou l'arrêt attaqué. C. 17 juill. 1841. B. n. 213.

Le jugement qui statue sur une demande en liberté provisoire, doit être motivé. C. 13 mai 1852. B. n. 152. C. 10 avril 1862. B. n. 111.

Un tribunal ne peut pas, sans exiger caution, accorder la mise en liberté d'un prévenu détenu sous mandat de dépôt ou d'arrêt (C. 30 nov. 1832. B. n. 470); il en est autrement si la détention n'est fondée que sur un mandat d'amener. C. 4 avril 1840. B. n. 106.

On peut réduire le cautionnement à moins de 500 francs, et même dispenser de tout cautionnement (décret du 23 mars 1848). Metz, 22 févr. et 1er juin 1861.

70^{13}. Jugements sur les appels de simple police.

Voyez art. 172 et suivants du code d'instr.

Aux termes de l'article 172 du code d'instruction, le tribunal correctionnel ne peut être saisi que par l'appel du condamné; et, sur ce seul appel, il ne peut aggraver le sort du contrevenant. C. 25 mars 1854. B. n. 83.

L'art. 172 du code d'instr. n'autorise l'appel des jugements de simple police que si ces jugements prononcent un emprisonnement ou des amendes, restitutions et autres réparations civiles excédant 5 francs. C. 19 nov. 1859. B. n. 52.

L'individu, condamné en simple police à 17 amendes de 1 fr., et à 6 fr. 80 c. de réparations civiles, ne peut appeler du chef des amendes qu'on ne peut considérer comme une seule condamnation, mais il peut appeler du chef des réparations, lesquelles excèdent 5 francs. C. 26 déc. 1857. B. n. 413.

Est recevable l'appel d'un jugement de police qui, indépendamment d'une amende n'excédant pas 5 francs, prononce, comme réparation civile, une condamnation indéterminée (dans l'espèce, la démolition d'un mur). C. 26 janv. 1856. B. n. 35.

Eu égard aux circonstances du procès, le tribunal correctionnel a pu dire que l'acquiescement au jugement de police avait été déterminé par l'erreur, et n'avait pu former obstacle à l'appel. C. 26 janv. 1856. B. n. 35. — L'exécution donnée à un jugement de police n'empêche pas d'appeler. C. 17 fév. 1859. B. n. 56.

La circonstance que l'appel interjeté contre un jugement de

simple police, n'a été ni déclaré au greffe ni nôtilie au ministère public, n'a d'autre conséquence que de donner au ministère public le droit de demander, avant tout débat au fond, le renvoi de l'affaire à une autre audience (art. 174 du code d'instr). C. 16 avril 1858. B. n. 127.

70 ¹⁴. Jugements sur les demandes en interprétation.

Le respect pour l'autorité de la chose jugée, n'empêche pas les cours et tribunaux de statuer sur interprétation de leurs arrêts et jugements, toutes les fois qu'à raison de quelqu'ambiguité dans les termes, ces actes laissent les parties en suspens sur l'étendue des conséquences qu'ils comportent. C. 12 nov. 1858. B. n. 268. — Voyez aussi C. 8 nov. 1862. B. n. 245.

71. Jugements par défaut; signification. — Opposition aux jugements par défaut; jugements sur opposition.

Avant de condamner par défaut, il faut s'assurer que le prévenu a été cité régulièrement, et que depuis la citation, il s'est écoulé trois jours, outre un jour par trois myriamèt. V. art. 184 du code d'instr.

Lorsque le prévenu ne comparaît pas, il est jugé par défaut (art. 186 du code d'instr.) ; peu importe qu'il ait assisté à une audience précédente où une partie de l'instruction aurait eu lieu. C. 14 mai 1835. S. 37. 1. 40.

La présence du prévenu à l'audience ne suffit pas pour que le jugement soit contradictoire; il faut encore que le prévenu ait engagé le débat. C. 12 déc. 1834. B. n. 398.

Les réponses du prévenu aux questions du président sur ses nom, prénoms, âge, etc., ne suffisent pas pour lier l'instance. C. 8 sept. 1824. B. n. 112.

La lecture d'un mémoire sur le fond de l'affaire, mémoire joint à la procédure pour valoir conclusions, engage l'instance de la part du prévenu. C. 28 août 1847. B. n. 203.

Quand le prévenu a proposé des moyens de défense, non-seulement l'instance est liée, mais elle est contradictoire. C. 8 sept. 1824. B. n. 112.

Le prévenu détenu et amené à l'audience par la force publique, peut déclarer vouloir faire défaut et refuser de répondre à l'interrogatoire. Pour qu'on ait le droit de procéder contre le prévenu conformément à l'art. 9 de la loi du 9 sept. 1835, il faut qu'il y ait de sa part une résistance systématique et matérielle opposée au cours de la justice. C. 13 août 1859. B. n. 203.

Le prévenu qui se borne à prendre des conclusions préjudicielles, conserve le droit de faire défaut au fond, si l'exception est rejetée. C. 13 mars 1824. B. n. 43.

Lorsque le prévenu se borne à exciper de la prescription, si le tribunal, tous droits et moyens réservés, continue la cause à une audience qu'il indique, et si à cette audience le prévenu ne comparaît pas, le jugement n'est contradictoire que sur l'exception ; il est par défaut, si le tribunal a statué sur le fond de la contravention, et l'opposition est recevable. C. 13 mars 1835. B. n. 92. — Relativement aux jugements rendus après mise en délibéré, voy. n. 70.

Le ministère public, partie essentielle à la composition du tribunal, n'a pas le droit de déclarer qu'il fait défaut. Agen, 29 avril 1847. S. 47. 2. 330.

71. (Suite.)

Les tribunaux de répression, lorsqu'ils prononcent par défaut ne doivent adjuger à la partie poursuivante que les conclusion qu'ils reconnaissent *justes et bien vérifiées ;* c'est une règle du droi commun. C. 1er déc. 1842. D. 43. 1. 128.. C. 4 nov. 1843. B. n. 274

Le tribunal ne peut renvoyer de la plainte celui qui, simplement averti, n'a pas comparu. On ne peut statuer par défaut qu'l'égard des personnes *citées* qui ne comparaissent pas. C. 8 aoû 1840. D. 40. 1. 432.

Dans le cas d'un jugement contradictoire à l'égard de la parti qui s'est rendue appelante, et par défaut à l'égard de l'autr partie, la cour, pour concilier les art. 187 et 203 du code d'instr. doit surseoir à statuer, le cas échéant, jusqu'à ce que les délai de l'opposition soient expirés. C. 10 oct. 1834. B. n. 343.

71 1. Signification des jugements par défaut.

La signification opérée par la partie civile ou par le ministèr public, fait courir le délai de l'opposition à l'égard de tous deux C. 5 juill. 1849. B. n. 147.

La signification d'un jugement par défaut, pour faire courir l délai de l'opposition, doit être faite au prévenu ou à son domicil (art. 187 du code d'instr.). C. 24 août 1850. D. 50. t. 303.

Lorsqu'un prévenu n'est pas trouvé au domicile indiqué, faut distinguer: si ce domicile est toujours le sien, l'huissier doi aux termes de l'art. 68 du code de procédure civile, remettre l copie à un parent, à un serviteur ou à un voisin qui signer l'original, et, en cas de refus de recevoir copie, l'huissier doit l remettre au maire de la commune qui visera l'original; — si l prévenu n'a plus son domicile au lieu indiqué et que l'huissie ne puisse découvrir le lieu de ce domicile, l'art. 69 § 8, veut qu la signification soit affichée à la principale porte du tribunal, e que copie en soit remise au procureur du roi. C. 11 août 1842. B n. 197.. C. 20 sept. 1844. B. n. 324.

A défaut de déclaration expresse dans les termes de l'art. 10 du code civil, les circonstances qui peuvent établir le changemen de domicile sont abandonnées à l'appréciation des juges du fait C. 21 juin 1851. B. n. 245.

La preuve de la date de la notification d'un jugement ne peu résulter que de la mention régulière, portée dans l'acte de noti fication. C. 9 mars 1844. B. n. 97.

Est nulle la signification par un magistrat étranger au tribuna qui a rendu le jugement. C. 30 avril 1830. J. du P.

L'exception résultant de l'irrégularité de la signification d jugement, doit être proposée avant toute contestation sur le fond C. 7 mai 1825. J. du P.

71 2. Opposition aux jugements par défaut.

La condamnation par défaut est comme non avenue, si le pré venu forme opposition conformément à l'art. 187 du code d'instr

D'après l'art. 187 du code d'instr., le condamné doit notifie son opposition tant au ministère public qu'à la partie civile. C 25 avril 1846. B. n. 105.

Le droit de former opposition à un jugement par défaut, appar tient à la partie civile comme au prévenu. C. 26 mars 1824. J. du P

L'opposition contre un jugement par défaut, est valable tan

qu'il n'a pas été régulièrement signifié. C. 21 mai 1835. B. n. 194.

L'acquiescement à l'exécution d'un jugement par défaut n'empêche pas de former opposition. C. 17 fév. 1859. B. n. 56.

Le prévenu opposant à un jugement par défaut, rendu en matière forestière, doit signifier son opposition à l'administration forestière et au ministère public. C. 11 mai 1839. B. n. 154.

Lorsque le condamné déclare acquiescer au jugement par défaut, en ce qui concerne la partie civile, il lui suffit de notifier son opposition au ministère public (art. 187 du code d'instr.). C. 11 août 1853. B. n. 393.

L'opposition emporte de plein droit citation à la première audience (art. 188 du code d'instr.), alors même que l'appelant est domicilié à plus de cinq myriamètres. C. 19 déc. 1833. S. 35.1.156.
— La première audience déterminée par les art. 188 et 208 du code d'instr., pour laquelle l'opposition vaut citation conformément à l'art. 184, et à laquelle l'opposant est tenu de comparaître, à peine de déchéance de son opposition, ne peut s'entendre que de la première des audiences données par le tribunal ou par la cour, après les trois jours qui suivent l'opposition. C. 13 juin 1851. B. n. 221.. C. 8 août 1856. B. n. 279. C. 11 janv. 1862. B. n. 14.

71 [3]. **Jugements sur l'opposition.**   Lorsque le prévenu se présente sur son opposition, la condamnation par défaut est non avenue, et le tribunal qui, par défaut, avait prononcé une condamnation, peut, sur les conclusions du ministère public, examiner de nouveau l'affaire et se déclarer incompétent. C. 7 avril 1854. B. n. 100.

Si le prévenu ne comparaît pas sur son opposition, l'opposition est comme non avenue; le premier jugement devient définitif, et le tribunal ne peut y porter atteinte. C. 18 nov. 1854. S. 54. 1. 69.

Si, aux termes de l'art. 188 du code d'instr., l'opposition emporte de droit citation à la première audience, et si elle est réputée non avenue lorsque l'opposant ne se présente pas, la déchéance, pour être encourue, doit toutefois être prononcée. C. 27 avril 1861. B. n. 89.

La déchéance de l'opposition à un jugement par défaut, n'a pas lieu de plein droit; il faut qu'elle soit demandée par la partie adverse. C. 26 avril 1860. B. n. 109.

Le jugement qui ne fait que déclarer l'opposition non avenue et ordonner l'exécution du jugement par défaut, ne doit pas, à peine de nullité, en reproduire les motifs. C. 19 mai 1848. B. n. 155.

L'opposition ne peut être jugée que trois jours après sa date; ainsi l'opposition formée le 13 du mois ne peut pas être jugée avant le 17. C. 11 janv. 1862. B. n. 14.

72. Jugements dont on peut appeler. — Tierce opposition.   L'art. 199 du code d'instr. autorise l'appel des jugements correctionnels, sans distinguer ceux qui sont définitifs sur les exceptions de ceux qui sont définitifs sur le fond. C. 12 mars 1829. B. n. 62. — Les appels sont portés devant la cour. Art. 200.

L'appel qui n'est dirigé que contre les motifs d'un jugement, n'est pas recevable. C. 7 mars 1828. J. du P.

L'appel d'un jugement préparatoire et d'instr. ne peut être interjeté qu'après le jugement définitif, et conjointement avec

72. (Suite.)

l'appel de ce jugement (art. 451 du code de procéd. civile). C. 11 août 1826. B. n. 157.

On peut appeler : d'un jugement qui statue définitivement sur une question préjudicielle (C. 25 nov. 1826. B. n. 237) ; — d'un jugement qui admet des reproches contre des témoins (C. 20 mars 1817. J. du P.) ; — d'un jugement qui ordonne une expertise, lorsqu'il y a préjugé sur le fond (C. 13 août 1857. B. n. 303) ; — d'un jugement de sursis, si, par ses motifs, il préjuge le fond (C. 28 juill. 1859. B. n. 191) ; — d'un jugement par lequel un tribunal correctionnel condamne un avocat à une peine disciplinaire, *pour infraction disciplinaire d'audience* (C. 10 fév. 1860. B. n. 34) ; — d'un jugement par lequel un juge civil réprime, séance tenante, un délit commis à son audience (C. 7 janv. 1860. B. n. 4) ; — d'un jugement qui accorde la liberté provisoire (C. 28 mai 1847. B. n. 114) ; — d'un jugement qui décide qu'une partie civile ne peut procéder sans l'assistance d'un avoué. C. 17 fév. 1826. B. n. 31.

On ne peut appeler d'un jugement correctionnel qui a statué, sans réclamation, sur une contravention de police (art. 192 du code d'instr.). Paris, 24 avril 1834. S. 34. 2. 445.

On peut appeler d'un jugement qui a mal à propos qualifié un délit de contravention, et a déclaré statuer en dernier ressort. C. 4 août 1826. B. n. 151.

Le jugement correctionnel qui statue sur une contravention et sur un délit, ne peut être frappé d'appel du chef de la contravention. C. 14 oct. 1841. B. n. 300. — Cependant si deux préventions dont l'une seulement est susceptible d'appel, étaient matériellement et intellectuellement indivisibles, selon les termes de l'art. 1217 du code civil, on pourrait appeler de l'un et de l'autre chef (voy. l'espèce). C. 25 sept. 1835. B. n. 375.

Tierce opposition. — Les art. 172 et 177 du code d'instr. n'autorisent contre les jugements contradictoires que l'appel et le recours en cassation. La tierce opposition ne saurait appartenir à des tiers, puisque d'une part les condamnations sont personnelles, et que d'autre part les tribunaux ont consommé leur juridiction en les prononçant. C. 19 fév. 1835. B. n. 66.

73. Appel par le procureur impérial, par le procureur général. Appel à l'audience par le procureur général.

Effets de l'appel du ministère public, voyez n. 82⁷.

Appel par le procureur impérial. — Voy. art. 202 du code d'instr.

Le ministère public peut appeler, quoiqu'il ait exécuté le jugement (C. 2 fév. 1827. J. du P. 27. 114) ; quoique la partie civile poursuivante n'appelle pas. C. 31 juill. 1830. B. n. 199.

Un substitut peut interjeter appel. C. 19 fév. 1829. B. n. 42.

L'appel du ministère public de première instance doit être formé par déclaration au greffe du tribunal qui a rendu le jugement, dix jours au plus tard après celui où le jugement a été prononcé. Voy. art. 203 du code d'instr.

Le ministère public près le tribunal de première instance, qui appelle dans la forme et dans le délai prescrits par l'art. 203 du code d'instr., n'est pas obligé de notifier l'appel au prévenu (C. 10 mai 1816. B. n. 28.) ; — il suffit de citer le prévenu à l'effet de procéder sur l'appel. C. 1er juin 1838. B. n. 150.

Appel par le procureur général.

Le procureur général peut appeler, quoique le procureur impérial ait exécuté le jugement. C. 31 janv. 1861. B. n. 27.

Le procureur général peut appeler dans toute l'étendue du ressort. C. 14 mars 1817. D. A. v. 11. 34.

Un substitut de première instance a qualité pour interjeter appel au nom du procureur général. C. 7 déc. 1833. B. n. 498.

Le ministère public près la cour doit notifier son recours soit au prévenu, soit à la personne civilement responsable, dans les deux mois, à compter du jour de la prononciation du jugement, ou, si le jugement lui a été légalement notifié par l'une des parties, dans le mois du jour de cette notification. Voy. art. 205 du code d'instr.

Le jugement rendu le 18 déc., doit être frappé d'appel le 18 fév. au plus tard; la notification faite au prévenu le 19 fév. serait tardive. C. 12 avril 1817. B. n. 31.

La notification au prévenu de l'appel du procureur général, résulte suffisamment de l'assignation à comparaître. C. 18 fév. 1854. B. n. 44.

Lorsque le procureur général notifie l'appel au prévenu, la notification doit être faite à personne ou à domicile (art. 68 du code de procédure civile), sauf le cas où le domicile étant inconnu, copie de l'exploit est remise au procureur impérial, et une seconde copie affichée à la porte de l'auditoire du tribunal (art. 69, § 8 du même code). C. 4 fév. 1859. B. n. 44.

Appel à l'audience par le procureur général.

Le ministère public près la cour peut appeler par déclaration à l'audience, dans les délais de l'art. 205 du code d'instr. — La simple réquisition à l'audience ne tient pas lieu d'un appel. C. 22 juill. 1830. S. 30. 1. 406.. C. 27 nov. 1858. B. n. 290.

La déclaration d'appel faite à l'audience par le procureur général, en présence du prévenu et de son défenseur, satisfait au vœu de l'art. 205. C. 27 juill. 1854. S. 54. 1. 831.

Le procureur général, tant qu'il est dans les délais, peut interjeter appel, même à la deuxième audience (C. 4 avril 1861. B. n. 71), même après que la cause a été mise en délibéré, et tant que l'arrêt n'a pas été prononcé. C. 22 mai 1857. B. n. 205.

L'appel interjeté par le procureur général, quoique formé dans les deux mois, n'est pas recevable après qu'il est intervenu un arrêt par défaut sur l'appel du condamné. C. 29 mai 1847. B. n. 119.

Le procureur général peut former appel à l'audience, après que le prévenu a déclaré se désister de son appel; le désistement, tant qu'il n'en a pas été donné acte, ne dessaisit pas la cour (C. 13 fév. 1840. B. n. 52); sauf au tribunal d'appel à accorder au prévenu le temps nécessaire pour proposer utilement sa défense. C. 15 oct. 1842. B. n. 281. — Jugé que le désistement donné par acte au greffe de la cour, produit tout son effet à partir du jour où il a été reçu, et non à partir du jour de l'arrêt qui en donne acte. C. 4 fév. 1848. S. 49. 1. 373.

L'appel formé à l'audience par le procureur général en l'absence

73. (Suite.)

du prévenu qui fait défaut, n'est pas recevable. L'art. 203 du code d'instr. exige la notification de l'appel ; et, si cette formalité est sans objet pour les appels déclarés à l'audience, quand le prévenu est présent, elle devient indispensable quand le prévenu, faisant défaut, n'a pu avoir connaissance ni de l'appel ni des réquisitions prises contre lui. C. 22 août 1846. B. n. 220.

74. Appel par l'administration forestière ; formalités à observer. Effets de l'appel, voyez n. 82 ².

L'administration forestière a qualité pour appeler. Voy. art. 202 du code d'instr.

D'après l'art. 183 du code forestier, les agents de l'administration ayant qualité pour interjeter appel sont les conservateurs, inspecteurs, sous-inspecteurs et gardes généraux. C. 11 juin 1829. B. n. 124.

L'action peut être exercée au nom du directeur général de l'administration, mais elle ne peut l'être au nom des agents particuliers. C. 21 mars 1840. D. 40. 1. 250.

L'administration forestière peut appeler relativement à l'application de la peine, quoique le ministère public n'ait pas appelé. C. 5 nov. 1829. D. 29. 1. 376. — Elle peut appeler quoique le domaine ait touché l'amende payée par le condamné (voy. l'espèce). C. 4 juin 1824. B. n. 75. C. 29 oct. 1824. B. n. 152.

Relativement aux formalités à observer pour l'appel, voy. n. 76.

75. Appel par la partie civile ; formalités à observer. Effets de l'appel, voyez n. 82².

L'art. 202 du code d'instr. qui permet à la partie civile de faire appel quant à ses intérêts civils, ne détermine pas, par la quotité de la somme demandée, les limites du dernier ressort. Bordeaux, 29 juill. 1830. D. 31. 2. 73.

La partie civile peut appeler, quoique le ministère public n'appelle pas. Paris, 8 juin 1837. J. du P.. C. 14 av. 1860. B. n. 98.

L'appel formé par une partie civile ne profite pas aux autres parties civiles. Poitiers, 6 janv. 1838. J. du P. 38. 1. 192. ,

Pour qu'un plaignant puisse appeler ou intervenir en appel, il faut qu'il ait été partie civile en première instance. C. 24 mai 1833. B. n. 200.. C. 24 août 1832. B. n. 321.. C. 10 fév. 1853. B. n. 52.

L'administration des douanes, lors même qu'elle n'a pas été partie en première instance, peut appeler relativement à la confiscation et à l'amende, dédommagement du préjudice causé à l'état. C. 5 oct. 1832. B. n. 382.

Relativement aux formalités à observer pour l'appel, voy. n. 76.

76. Appel par le condamné, et par la partie responsable ; formalités à observer. Effets de l'appel, voyez n. 82².

Le prévenu peut interjeter appel, quoiqu'il ait exécuté le jugement s'il est encore dans les délais ; l'appel est d'ordre public. C. B. n. 183.. C. 10 juin 1836. 17 fév. 1859. B. n. 56.

Aux termes des art. 202 et 204 du code d'instr., la déclaration d'appel ne peut être formée que par la partie elle-même, par son avoué ou par un fondé de pouvoir spécial. C. 19 fév. 1836. B. n. 53. — L'avocat, non muni d'un pouvoir, ne peut interjeter appel. C. 8 oct. 1829. B. n. 232. — Le père peut appeler au nom de ses enfants mineurs ; il est de droit leur fondé de pouvoir. C. 2 juin 1821. B. n. 106. — L'appel peut être interjeté par un avoué de première instance, ou par un avoué d'appel. Rouen, 7 juin 1849. S. 50. 2. 449. — La production d'une requête à l'appui de l'appel est facultative (art. 204 du code d'instr.). C. 29 juin 1815. B. n. 43.

L'appel doit, à peine de nullité, être formé par une déclaration au greffe du tribunal qui a rendu le jugement. C. 22 mai 1835. B. n. 200. — Il suffit, pour la régularité de l'acte d'appel, que le prévenu y soit désigné comme il l'a été dans le jugement de condamnation. C. 15 fév. 1849. B. n. 36.

L'acte d'appel du prévenu peut être notifié au domicile élu par la partie civile. C. 2 déc. 1826. B. n. 243.

Aux termes de l'art. 203 du code d'instruction, la déclaration d'appel doit être faite dix jours au plus tard après celui où le jugement a été prononcé, et, si le jugement a été rendu par défaut, dix jours au plus tard après celui de la signification qui aura été faite à la partie condamnée ou à son domicile. C. 23 sept. 1841. B. n. 287.

L'art. 203 du code d'instr. ne distingue pas si la signification du jugement par défaut a été faite au prévenu par la partie publique ou par la partie civile, d'où suit que la signification faite par l'une ou par l'autre, fait courir les délais à l'égard de la partie publique comme à l'égard de la partie civile. C. 25 avril 1849. D. 50. t. 26.. C. 5 juin 1849. B. n. 147.

Le délai d'appel, même après un jugement de débouté d'opposition, également par défaut, ne court qu'à partir du jour de la signification. C. 14 déc. 1838. D. 39. 1. 145.

Lorsque le jugement est contradictoire, le délai d'appel n'excède jamais dix jours. C. 18 oct. 1850. B. n. 364.—L'appel interjeté le 11e jour est nul, lors même que le 10e est un jour férié. Angers, 26 février 1849. S. 49. 2. 415.. C. 28 août 1812. S. 17. 1. 325.

L'augmentation de délai d'un jour par trois myriamètres n'est accordée par l'art. 203 du code d'instr. que pour l'appel des jugements par défaut. C. 18 oct. 1850. B. n. 364. — Dans le calcul du délai des distances, on doit négliger les fractions au-dessous de 3 myriamètres. C. 11 mai 1843. B. n. 103.

L'appel d'un jugement correctionnel par défaut, peut être formé avant la signification de ce jugement. C. 23 sept. 1841. B. n. 287.

L'appel d'un jugement par défaut est recevable pendant le délai de l'oppposition. C. 19 avril 1833. B. n. 144.. C. 20 août 1841. J. du P. 42. 1. 503.

Le prévenu ne peut pas interjeter incidemment appel à l'audience (art. 203 du code d'instr.). C. 12 mai 1855. B. n. 163.

Le désistement donné par acte au greffe de la cour, produit son effet à partir du jour où il y a été reçu. C. 4 fév. 1848. S. 49. 1. 373.

Le désistement donné à l'audience, ne produit son effet que du moment où il en a été donné acte par la cour. C. 15 oct. 1842. B. n. 281.

Le condamné qui s'est désisté de son appel, peut se rétracter et demander que son appel soit jugé, tant que le juge n'a pas donné acte du désistement. C. 28 fév. 1849. S. 49. 1. 480.

77. Déchéanre de l'appel.

La déchéance de l'appel (art. 203 du code d'instr.) peut être proposée en tout état de cause, même devant la deuxième cour d'appel à laquelle l'affaire a été renvoyée par la cour de cassation. C. 27 sept. 1828. B. n. 287.

La déchéance de l'appel formé irrégulièrement et tardivement, est d'ordre public, et doit être prononcée d'office. C. 12 mai 1855. B. n. 163.

78. Fixation de l'audience d'appel. — Citation pour comparaître; formalités. — Exception tirée de la nullité de la citation. — Cas où le prévenu peut se faire représenter.

Fixation de l'audience d'appel. — La cour est saisie de l'appel par la déclaration même qui est faite au greffe, et la fixation de l'audience à laquelle doit être porté l'appel, n'appartient ni au prévenu ni au procureur général; cette fixation appartient au président, et, en cas de contestation, à la cour. C. 2 fév. 1844. B. n. 29.

Citation pour comparaître à l'audience d'appel; formalités à observer. — Exception tirée de la nullité de la citation. — Cas où le prévenu peut se faire représenter à l'audience. — Voyez les notes au n. 65.

79. Composition de la cour, chambre des appels de police correctionnelle. — Magistrats empêchés; remplacement. — Abstention; récusation. — Demande en renvoi pour cause de suspicion légitime.

Aux termes de l'art. 1er de l'ordonnance du 24 sept. 1828, la cour, chambre des appels de police correctionnelle, peut juger les délits au nombre de cinq conseillers. C. 10 déc. 1847. D. 48. 1. 20.

Aux termes de l'ordonnance du 5 août 1844, les magistrats composant la chambre d'accusation doivent être répartis entre les deux autres chambres. C. 28 déc. 1855. B. n. 416.

Il y a présomption que les conseillers de la chambre d'accusation qui ont pris part à un arrêt de la chambre correctionnelle, faisaient partie de cette chambre par suite de la répartition prescrite par l'ordonnance du 5 août 1844. C. 28 déc. 1855. B. n. 416.

Le magistrat d'appel qui a fait le rapport de l'affaire doit, à peine de nullité, concourir à l'arrêt. C. 2 déc. 1854. B. n. 331.

Magistrats empêchés; remplacement. Voyez les notes au n. 66.

Les membres de la chambre d'accusation qui ont prononcé le renvoi du prévenu devant la police correctionnelle, peuvent faire partie de la chambre correctionnelle appelée à prononcer sur l'affaire. C. 10 fév. 1831. B. n. 24.. C. 7 nov. 1840. B. n. 318. — Est nul le jugement rendu en appel par un tribunal composé de cinq juges dont deux sont alliés au degré prohibé (avis du conseil d'état du 23 avril 1807). C. 7 nov. 1840. B. n. 318.

Est nul l'arrêt auquel concourt un conseiller qui n'a pas assisté à toutes les audiences (art. 7 de la loi du 20 av. 1810). C. 14 mars 1848. B. n. 118.

Abstention; récusation. Voyez les notes au n. 66.

La chambre des appels de police correctionnelle dont plusieurs membres sont récusés, doit, si elle n'est plus en nombre pour statuer sur les récusations, appeler des magistrats appartenant aux autres chambres de la cour (art. 4 du décret du 30 mars 1808). C 1er avril 1858. B. n. 111.

Demande en renvoi pour cause de suspicion légitime. Voy. n. 66.

80. Police de l'audience. — Tumulte, délits et crimes commis à l'audience; fautes disciplinaires; compte rendu infidèle. Voyez n. 67.

Publicité de l'audience. — Huis-clos. — Interdiction de compte rendu. Voyez n. 68.

81. Instruction d'une affaire à l'audience de la cour. — Rapport de l'affaire, interrogatoire du prévenu, plaidoiries.

D'après les articles 209 et 210 du code d'instruction, le rapport de l'affaire sera fait par l'un des juges. A la suite du rapport, le prévenu sera interrogé; le prévenu, les personnes civilement responsables du délit, la partie civile et le procureur général, seront entendus; le prévenu et les personnes civilement responsables pourront répliquer.

Rapport de l'affaire.—Le rapport prescrit par l'art. 209 du code d'instr. est une formalité substantielle. C. 17 mars 1848. B. n. 73.

Le rapport est un préliminaire indispensable pour arriver à la discussion des moyens de fait et de droit que les parties peuvent faire valoir, et il doit porter tant sur les nullités de la procédure et les questions préjudicielles que sur la nature et les circonstances du délit déféré à la justice correctionnelle. C. 6 fév. 1847. B. n. 26. — La lecture des procès-verbaux et des dépositions écrites retenues en première instance, n'est pas ordonnée à peine de nullité. C. 11 sept. 1840. B. n. 269.

Après un arrêt par défaut, et lorsque l'affaire revient sur opposition, il faut faire un nouveau rapport. C. 6 fév. 1847. B. n. 26.

Après un arrêt qui a ordonné un avant faire droit, il faut, à peine de nullité, qu'il soit fait un second rapport. C. 22 mai 1856. B. n. 190.

Il y a nécessité de recommencer le rapport si, parmi les juges, il s'en trouve qui n'y ont pas assisté. C. 2 janv. 1847. D. 47. t. 16.

Lorsque la cour a continué la cause pour l'audition de nouveaux témoins, il n'y a pas lieu à un nouveau rapport. C. 9 août 1851. B. n. 336.

L'appel formé par le ministère public après le rapport, ne rend pas un nouveau rapport nécessaire. C. 29 juin 1855. B. n. 235.

Le jugement doit constater, à peine de nullité, que le rapport a été fait par l'un des juges. C. 27 août 1847. S. 48. 1. 91.

Interrogatoire du prévenu; refus de répondre; aveu. — Voyez les notes n. 69[s].

Plaidoiries. — Défense du prévenu et des personnes civilement responsables; choix, désignation d'un défenseur; communication des pièces. — Conclusions de la partie civile. — Réquisitoire du procureur général. — Réplique du prévenu et des personnes civilement responsables. — Voy. les notes n. 69[9].

L'arrêt doit constater que le ministère public a été entendu en appel, même lorsqu'il ne s'agit que d'intérêts civils. C. 22 mai 1841. B. n. 150.

ARRÊTS DE LA COUR; SOMMAIRE.

Arrêts à rendre par la cour : délibération (n. 82). — Arrêts sur diverses exceptions (n. 82[1]). — Questions dont la cour est saisie par les différents appels (n. 82[2]). — Faculté pour la cour d'ordonner des mesures d'instruction (n. 82[3]).—Arrêt confirmatif (n. 82[4]). — Arrêt infirmatif, le fait ne constituant qu'un délit (n. 82[5]). — Arrêt infirmatif, le fait pouvant constituer un crime (n. 82[6]). — Arrêt infirmatif pour vice de forme et évocation du fond (n. 82[7]). — Arrêt infirmatif prononçant une condamnation (n. 82[8]). — Rédaction des arrêts; formule (n. 82[9]). — Arrêts sur les demandes de mise en liberté provisoire (n. 82[10]). — Arrêts sur les demandes en interprétation (n. 82[11]). — Arrêts par défaut (n. 82[12]).

82. Arrêts à rendre par la cour; délibération.

D'après l'art. 209 du code d'instr., l'appel doit être jugé dans le mois. — Le délai d'un mois fixé par l'art 209, n'est que comminatoire. C. 12 fév. 1819. J. du P.

Lorsque la cause a été mise en délibéré, et renvoyée avec le prévenu à un jour déterminé, l'arrêt prononcé ce jour là doit être réputé *avoir été prononcé au prévenu;* il est contradictoire. C. 27 mars 1857. B. n. 127.

Lorsque la cause mise en délibéré a été renvoyée à une audience ultérieure, sans indication de jour, l'arrêt, s'il a été prononcé hors de la présence du prévenu, ne peut être réputé *avoir été prononcé au prévenu;* et celui-ci a trois jours pour se pourvoir en cassation, à partir de la signification (art. 373 du code d'instr.). C. 11 fév. 1858. B. n. 47.. Voy. aussi C. 18 nov. 1854. B. n. 319.

82 1. Arrêts sur les exceptions.

Si l'on excipe de ce qu'il y a nullité de l'appel, voyez n. 77. — Voy. au n. 70 1 une série d'exceptions dont plusieurs doivent être prononcées d'office.

L'appel du ministère public, lorsqu'il est sans restriction, saisit les juges supérieurs de l'examen de la prévention tout entière, et leur donne le droit de diminuer la peine et même de prononcer l'acquittement. C. 10 mai 1843. B. n. 102.

82 2. Questions dont la cour est saisie par les appels du ministère public, de l'administration forestière, de la partie civile, du prévenu et des personnes civilement responsables.

Le ministère public peut limiter son appel au chef de prévention sur lequel un acquittement a été prononcé. D'après l'avis du conseil d'état, approuvé le 12 nov. 1806, les tribunaux d'appel ne peuvent réformer, dans les jugements de première instance, que les dispositions à l'égard desquelles il y a appel. Voyez C. 24 juill. 1857. B. n. 286.. C. 19 déc. 1807. B. n. 265.. C. 8 sept. 1843. B. n. 236.. C. 13 déc. 1811. B. n. 173.

Le ministère public peut d'office exercer l'action de l'administration forestière, et son appel s'étend aux restitutions et dommages aussi bien qu'aux amendes. C. 20 mars 1830. S. 30. 1. 270.. C. 8 mai 1835. n. 172.

L'appel du ministère public ne peut faire revivre l'action civile éteinte par le défaut d'appel de la part de la partie lésée. C. 24 août 1832. B. n. 321. — Le ministère public n'a pas qualité pour appeler relativement aux dommages qui peuvent être dus à la partie lésée. C. 18 janv. 1828. D. 28. 1. 100.

L'appel de l'administration forestière, lorsqu'il est sans restriction, défère tout entière au juge supérieur la connaissance de la prévention. C. 13 août 1857. B. n. 299.

L'administration forestière qui n'a pas appelé, peut néanmoins se présenter devant la cour pour soutenir l'appel interjeté par le ministère public, représentant légal de l'administration. C. 27 janv. 1837. B. n. 34.

La cour, sur le seul appel de la partie civile, doit se borner à statuer sur les dommages-intérêts; mais pour cela, il faut qu'elle examine le fait ayant causé le dommage, qu'elle en recherche l'auteur et qu'elle déclare si ce fait constitue un délit. C. 14 avril 1860. B. n. 98. — Voy. les notes au n. 37.

Lorsque sur le seul appel de la partie civile, la cour réforme un jugement interlocutoire et évoque le fond, elle peut non-seulement statuer sur les dommages-intérêts, mais encore prononcer une peine contre le prévenu. C. 28 mai 1851. B. n. 195. —Voy. une autre espèce. C. 28 févr. 1862. B. n. 60.

L'appel par une partie ne peut enlever au jugement le caractère de chose jugée à l'égard des condamnés qui n'ont pas appelé. C. 9 fév. 1837. D. 1837. 1. 510.

82³. *Faculté pour la cour d'ordonner des mesures d'instr.*

D'après l'art. 211 du code d'instr., toutes les preuves qui ont pour objet d'établir la prévention primitive peuvent être ordonnées en appel. C. 21 juill. 1820. B. n. 103.

Si la cour ordonne une audition de témoins, voy. les notes au n. 69³; — si elle ordonne une expertise, voy. n. 69⁶; — si elle ordonne une visite de lieux, voy. n. 69⁷.

Sur la possibilité de suppléer aux procès-verbaux par l'audition de témoins, voyez les notes n. 56.

82⁴. *Arrêt confirmatif.*

La cour, tout en confirmant, peut rectifier la qualification donnée aux faits par les premiers juges, pourvu qu'on ne substitue pas à la prévention première une prévention nouvelle. Voy. les notes n. 70⁵ et 82⁹.

La cour, saisie par l'appel du prévenu, peut modifier les faits incriminés, pourvu qu'elle confirme dans son dispositif le jugement correctionnel; on ne peut pas dire qu'elle aggrave la situation du prévenu sur son appel, contrairement à l'avis du conseil d'état du 12 nov. 1806. C. 25 août 1854. B. n. 265.

N'est pas suffisamment motivé l'arrêt qui déclare que les premiers juges ont fait une juste application de la loi au fait par eux reconnu constant; c'est seulement juger le point de droit, et la cour doit encore s'expliquer sur l'existence du fait incriminé. C. 1ᵉʳ oct. 1840. B. n. 293.

Lorsqu'un arrêt énonce que les premiers juges ont bien apprécié les faits et appliqué la peine dans une juste mesure, cette disposition qui porte sur le fait et sur le droit, satisfait à l'art. 7 de la loi du 20 avril 1810. C. 17 juill. 1857. B. n. 275.

Lorsque la cour confirme, et se borne à adopter les motifs des premiers juges, il n'y a pas nécessité de prononcer de nouveau les motifs adoptés. C. 1ᵉʳ juin 1841. B. n. 179.

Est nul l'arrêt qui, adoptant les motifs des premiers juges, confirme sans s'expliquer: sur des conclusions nouvelles prises en appel, sur une demande en sursis formée par le prévenu (C. 4 juin 1836. B. n. 178), sur une demande du ministère public tendant à l'application d'une autre loi pénale. C. 3 mai 1850 B. n. 144.

Le tribunal qui confirme n'est pas obligé de citer et de lire la loi pénale, formalité déjà remplie en première instance. C. 1ᵉʳ mai 1829. D. 29. 1. 234.

La cour peut rectifier la citation de la loi pénale insérée dans le jugement, encore bien que le ministère public n'ait pas appelé. C. 14 juill. 1827. B. n. 186.

82⁵. *Arrêt infirmatif, le fait ne constituant qu'une contravention.*

D'après l'art. 213 du code d'instr., si le jugement est annulé parce que le fait ne présente qu'une contravention de police, et

82 5. (Suite.)

82 6. Arrêt infirmatif, le fait pouvant constituer un crime.

82 7. Arrêt infirmatif pour vice de forme, et évocation du fond.

si le ministère public et la partie civile n'ont pas demandé le renvoi, la cour prononcera la peine et statuera, s'il y a lieu, sur les dommages-intérêts. — Voyez au n. 62 les notes sur l'art. 213.

Relativement aux dommages-intérêts, voyez les notes n. 37.

D'après l'art. 214 du code d'instr., si le jugement est annulé parce que le délit est de nature à mériter une peine afflictive ou infamante, la cour décernera, s'il y a lieu, le mandat de dépôt ou même le mandat d'arrêt, et renverra le prévenu devant le fonctionnaire public compétent, autre toutefois que celui qui aura rendu le jugement ou fait l'instruction. — Voyez au n. 62 les notes sur l'art 214.

Lorsqu'il n'y a d'appel que par le prévenu, la cour, si celui-ci ne le demande pas, ne peut se déclarer incompétente par le motif que le fait constitue un crime. Le sort du prévenu ne peut être aggravé sur son appel. C. 9 avril 1857. B. n. 145.. C. 26 juin 1862. B. n. 155.

D'après l'art. 215 du code d'instr., si le jugement est annulé pour violation ou omission non réparée de formes prescrites par la loi à peine de nullité, la cour statuera sur le fond.

L'art. 215 du code d'instr. n'est pas limitatif; les tribunaux d'appel peuvent évoquer le fond dans des cas autres que celui qu'il énonce. C. 20 janv. 1826. B. n. 16.

De la combinaison de l'art. 215 du code d'instr. avec les art. 212, 213 et 214 qui le précèdent, et avec l'art. 1er de la loi du 29 avril 1806, il résulte que, lorsqu'un jugement est annulé pour autres causes que l'incompétence, la cour doit évoquer l'affaire et statuer sur le fond (C. 15 sept. 1837. B. n. 278); il doit en être ainsi soit que les premiers juges aient statué sur de simples incidents ou par avant faire droit, soit qu'ils aient prononcé au fond. C. 1er juin 1861. B. n. 110.

La cour doit évoquer lorsqu'elle annulle le jugement, parce que le ministère public n'a pas été entendu (C. 22 déc. 1860. B. n. 298), ou parce que la citation n'énonçait pas le fait incriminé (C. 27 avril 1849. B. n. 95), ou parce que le tribunal a déclaré un acte nul (C. 20 juin 1826. D. 26. 1. 203), ou parce que le tribunal a prononcé un sursis indéfini (C. 7. déc. 1833. D. n. 498), ou parce que le tribunal a renvoyé le prévenu devant les assises (C. 1er juin 1833. B. n. 216), ou parce que le tribunal a déclaré non recevable l'opposition à un jugement par défaut. C. 1er juin 1861. B. n. 110.

Lorsque sur le seul appel de la partie civile, la cour réforme un jugement interlocutoire et évoque le fond, elle peut non seulement statuer sur les dommages-intérêts, mais encore prononcer une peine contre le prévenu. C. 28 mai 1851. B. n. 195.

Le droit d'évocation peut être exercé d'office; il n'est subordonné ni aux réquisitions du ministère public, ni à la demande des parties. C. 1er juin 1861. B. n. 110.

La cour, après avoir évoqué, peut renvoyer à une autre audience pour prononcer sur le fond. C. 5 juill. 1828. B. n. 204.

Lorsque le jugement est annulé pour incompétence, à raison du lieu du délit ou de la résidence du prévenu, l'affaire n'ayant pas été soumise au premier degré de juridiction, doit y être renvoyée. C. 18 nov. 1836. B. n. 377.

82 8. Arrêt infirmatif prononçant l'acquittement.

D'après l'art. 212 du code d'instr., si le jugement est réformé parce que le fait ne constitue ni délit ni contravention, la cour renverra le prévenu et statuera, s'il y a lieu, sur ses dommages-intérêts.

Lorsque la cour infirme et prononce un acquittement, elle doit expliquer si elle fonde sa décision sur ce que les faits ne sont pas prouvés, ou sur ce qu'ils ne constituent pas un délit; voyez les notes au n. 70 8.

Le tribunal qui acquitte le prévenu peut lui accorder des dommages-intérêts contre la partie civile. C. 2 avril 1842. B. n. 77.

Le prévenu ne peut obtenir de dommages contre le plaignant par voie de simples conclusions reconventionnelles prises à l'audience; il faut que l'action civile ait été régulièrement introduite, selon l'art. 64, selon l'art. 145 ou selon l'art. 147 du code d'instr. C. 7 déc. 1854. B. n. 336.

Le prévenu acquitté, qui avait obtenu des dommages en première instance, et qui est mort au cours de l'appel, peut, quant aux intérêts civils, être représenté devant la cour par ses héritiers ou par leurs ayants-droit. C. 16 juin 1860. B. n. 137.

La cour ne peut pas accorder de dommages à la partie civile, si le prévenu est acquitté (C. 2 mai 1851. B. n. 162); — si l'action publique est éteinte par la prescription. Montpellier, 3 avril 1848. D. 48. 2. 145.

Quand le condamné n'a pas appelé, la cour, sur l'appel de la partie civile et du ministère public, ne peut réduire le chiffre des dommages-intérêts alloués au plaignant en première instance, lors même qu'elle acquitte le prévenu. C. 21 juill. 1859. B. n. 185.

82 9. Arrêt infirmatif prononçant une condamnation.

Faits dont les prévenus peuvent être déclarés coupables en appel. — Voy. les notes n. 70 5.

La cour peut rectifier les qualifications qui lui paraissent erronées. Dès qu'on ne change pas le fait qui a été la base de la poursuite, aucune atteinte n'est portée au droit de la défense ni à la règle des deux degrés de juridiction. C. 16 août 1862. B. n. 212.

La cour, même sur l'appel du prévenu, a le droit et le devoir de vérifier la qualification donnée aux faits par les premiers juges; seulement la position du prévenu ne peut être aggravée. C. 10 août 1855. B. n. 286.

La cour, sur l'appel du condamné, a pu, sans aggraver la peine, déclarer auteur du délit celui qui n'avait été déclaré que complice (C 21 mai 1853. B. n. 180); elle a pu substituer la qualification de vol à celle d'escroquerie (C. 10 août 1855. B. n. 286); elle a pu déclarer que l'abus de confiance incriminé a été commis au préjudice de tel individu au lieu de tel autre. C. 22 juill. 1858. B. n. 206.

La cour, sur l'appel du procureur général, peut relever, à la charge du prévenu, une circonstance aggravante dont il n'a été fait mention ni dans l'ordonnance, ni dans la citation, ni dans le jugement. C. 29 juin 1855. B. n. 235.

Sur l'appel du ministère public, le prévenu condamné pour

82 ⁹. (Suite.)

blessures par imprudence, peut être déclaré coupable d'homicide par imprudence, si depuis le jugement les blessures ont amené la mort. C. 3 déc. 1857. B. n. 387.

Les arrêts doivent énoncer les faits incriminés. — D'après l'art. 195 du code d'instr., les faits dont les personnes citées sont jugées coupables ou responsables doivent être énoncées dans l'arrêt (voyez C. 3 janv. 1851. B. n. 3), à moins que l'arrêt ne se réfère au jugement de première instance; voyez 30 juill. 1831. J. du P.

Les arrêts doivent être motivés. — Voyez les notes au n. 70 ⁹.

Est nul, faute de motifs, l'arrêt qui, infirmant un jugement d'acquittement, se borne à dire que les faits imputés au prévenu et dont il est reconnu coupable, constituent le délit prévu par tel article du code pénal; il faut expliquer les faits et préciser les circonstances qui leur donnent le caractère de délit (C. 23 janv. et 14 mai 1857. B. n. 34 et 188); — la cour n'est pas obligée d'entrer dans ces détails, lorsque déclarant, comme les premiers juges, le prévenu coupable, elle ne fait que réduire (ou augmenter) la peine : l'arrêt se réfère alors de plein droit au jugement de première instance. C. 30 juill. 1831. J. du P.

Peines à prononcer en appel. — **Défense d'aggraver la peine du prévenu sur son appel et sur l'appel de la partie civile.**

Relativement aux peines encourues pour délits de chasse, voyez n. 2 à n. 42. — S'il y a récidive, voy. n. 33. — S'il y a concours de plusieurs délits, voy. n. 34. — Relativement aux frais, voy. n. 38. — Relativement à la solidarité, voy. n. 39. — Relativement à la contrainte par corps, voy. n. 40. — Relativement à la responsabilité civile, voy. n. 41.

La cour doit prononcer les peines édictées par la loi, lors même que le ministère public aurait refusé d'en requérir l'application (C. 23 févr. 1839. D. 39. 1. 393); lors même que dans leur exécution, elles devraient se confondre avec une condamnation antérieure. C. 17 mars 1848. B. n. 70.

La cour, sur l'appel du ministère public, peut, sans excès de pouvoir, prononcer une condamnation supérieure à celle qui est requise. C. 14 mai 1847. D. 47. t. 369.

Sur le seul appel de l'administration forestière, le prévenu peut être condamné à une peine. C. 28 janv. 1847. D. 47. t. 67.

Sur le seul appel de l'administration des douanes, la cour ne peut pas prononcer la peine d'emprisonnement, la douane n'ayant action que pour les confiscations et les amendes. C. 27 nov. 1858. B. n. 290.

Sur le seul appel du prévenu, la cour ne peut aggraver la peine. C. 21 août 1851. D. 51. t. 26. — C'est aggraver la peine que d'augmenter l'amende en diminuant la prison. C. 13 juin 1857. B. n. 229.

Lorsque la partie civile a seule appelé, la cour n'est saisie que de l'action civile (C. 12 juin 1847. B. n. 129), et elle ne peut ni aggraver la peine prononcée contre le prévenu en première instance (C. 19 sept. 1851. B. n. 392), ni prononcer une peine, si le prévenu a été acquitté. C. 21 juill. 1855. B. n. 260.. C. 22 juin 1860. B. n. 141.

Lecture de la loi pénale en appel. — Voyez les notes n. 70 ⁹.

La cour n'est pas obligée de lire la loi pénale, si déjà cette formalité a été remplie en première instance. C. 1er mars 1829. D. 29. 1. 234.

. **Dommages-intérêts en appel.** — Voyez les notes n. 37.

Pour que la cour puisse prononcer des dommages-intérêts au profit d'une partie civile, il faut que le préjudice souffert par le plaignant soit le résultat d'un délit dont le prévenu est reconnu coupable. Voyez les notes n. 37.

Sur l'appel, la partie civile peut augmenter sa demande, lorsque le préjudice s'est augmenté depuis le jugement (art. 464 du code de procédure civile). C. 23 nov. 1827. B. n. 287.

Quand le condamné n'a pas appelé, la cour, sur l'appel de la partie civile et du ministère public, ne peut réduire le chiffre des dommages-intérêts alloués au plaignant en première instance. C. 21 juill. 1859. B. n. 185.

Le décès du prévenu pendant l'instance d'appel ne dessaisit pas la cour de l'action civile. C. 24 août 1854. B. n. 264.

La cour peut statuer sur les conclusions des parties civiles, nonobstant le recours en cassation par le prévenu (jugé au criminel). C. 1er juin 1829. B. n. 173.

82 10. Rédaction des arrêts; formule. Voyez les notes n. 70 10. — Lorsqu'on rédige les arrêts, il faut, entr'autres choses, constater : que l'audience a été publique (voyez n. 70 10); — que la cour a été composée régulièrement (voy. n. 79); — que le rapport de l'affaire a eu lieu (voy. n. 82); que le ministère public a été entendu dans ses conclusions (voy. n. 70 10 et 82), — et le prévenu dans ses moyens de défense (voyez n. 70 10); — que le ministère public a assisté au prononcé de l'arrêt (voy. n. 70 10).

Les arrêts doivent être signés par les magistrats qui les ont rendus et par le greffier (voy. n. 70 10).

Relativement à la formule d'un arrêt, voy. au n. 70 11 la formule d'un jugement, en changeant et ajoutant quelques mots, et en substituant à la mention du résumé par le ministère public, la mention du rapport de l'affaire par un conseiller.

82 11. Arrêts sur les demandes de mise en liberté provisoire; voyez n. 70 12.

82 12. Arrêts sur les demandes en interprétation; voyez n. 70 13.

82 13. Arrêts par défaut, signification, opposition, arrêts sur opposition; voy. n. 71.

83. Pourvoi en cassation. Formalités à observer. **Personnes ayant qualité pour se pourvoir en cassation.** — Voyez art. 216 du code d'instr.

Le ministère public ne peut se désister d'un pourvoi qu'il a régulièrement formé. C. 16 sept. 1842. B. n. 241.

Le prévenu peut renoncer au pourvoi qu'il a formé. C. 26 mai 1853. B. n. 185.

Décisions contre lesquelles on peut se pourvoir. — Le pourvoi n'est permis que contre les décisions en dernier ressort. On ne peut pas se pourvoir contre une décision en premier ressort qui n'est devenue définitive que par défaut d'appel. C. 23 mars 1850. B. n. 114.

On peut se pourvoir contre un arrêt rendu sur la compétence; cette décision est définitive et ne peut être assimilée aux juge-

83. (Suite.)

ments préparatoires dont parle l'art. 416 du code d'instr. C. 3 mars 1860. B. n. 67.

Un prévenu ne peut se pourvoir contre son propre intérêt. C. 30 janv. 1852. B. n. 45.

Le ministère public a qualité pour se pourvoir contre un arrêt qui, sur le seul appel du prévenu, a aggravé sa position. C. 26 juin 1862. B. n. 155.

Le ministère public est non recevable à se pourvoir contre la disposition d'un arrêt qui condamne aux dépens le prévenu acquitté. C. 7 août 1852. B. n. 268.

Lorsque les jugements d'acquittement ont acquis l'autorité de la chose jugée à l'égard des prévenus, le ministère public est non recevable dans son pourvoi contre les personnes civilement responsables. C. 6 déc. 1851. D. 52. t. 78.

Le droit de se pourvoir dans l'intérêt de la loi n'appartient qu'au procureur général près la cour de cassation, excepté dans le cas prévu par l'art. 409 du code d'instr. C. 8 oct. 1852. B. n. 344.

Délai dans lequel on doit se pourvoir. — D'après l'art. 373 du code d'instr., le délai du pourvoi est de trois jours à partir de la prononciation des jugements, lorsqu'ils sont contradictoires. C. 5 déc. 1846. B. n. 308. — Le délai du pourvoi est de 3 jours francs. Le pourvoi contre un arrêt rendu le 15 juin doit être formé le 19 au plus tard, bien que le 19 soit un jour férié. C. 20 août 1853.

Relativement au délai du pourvoi contre les arrêts par défaut, il faut distinguer : — si l'arrêt par défaut est susceptible d'opposition, le ministère public et le prévenu ne peuvent pas se pourvoir avant l'expiration du délai accordé pour l'opposition (voyez C. 29 nov. 1845. B. n. 352.. C. 7 fév. 1857. B. n. 53.. C. 26 janv. 1854. B. n. 20); — si l'arrêt par défaut est définitif, le ministère public peut se pourvoir dans les 3 jours à partir de la prononciation (C. 26 déc. 1839. B. n. 389), et le prévenu dans les 3 jours à partir de la signification. C. 18 nov. 1854. B. n. 319.

Déclaration de pourvoi; formalités. — La déclaration de pourvoi doit être faite au greffier du tribunal qui a rendu le jugement attaqué, et conformément aux prescriptions de l'art. 417 du code d'instr.. C. 20 nov. 1845. B. n. 344. — La déclaration peut être faite valablement, après l'heure fixée pour la fermeture du greffe. C. 18 mars 1843. B. n. 64.

Le prévenu dont on refuse de recevoir le pourvoi, peut y suppléer par des actes extrajudiciaires. C. 13 fév. 1857. n. 66.

D'après l'art. 418 du code d'instr., le pourvoi formé par le ministère public ou par la partie civile doit être notifié au prévenu dans le délai de trois jours; mais ce délai n'est pas établi à peine de déchéance. C. 5 août 1841. B. n. 230.

Ne sont pas recevables les pourvois formés par les prévenus et les parties civiles qui n'ont fourni ni la quittance de la consignation d'amende ni les certificats exigés par la loi (art. 419 et 420 du code d'instr.). C. 22 avril 1841. B. n. 107. C. 8 fév. 1850. B. n. 48.

Les demandeurs, bien qu'ils se soient pourvus par une même

requête, doivent consigner chacun une amende, si les faits reprochés sont distincts. C. 30 mars 1853. S. 53. 1. 264.

La consignation d'amende peut être faite chez le receveur du domicile du demandeur. C. 12 août 1831. B. n. 180.

Le certificat d'indigence et l'extrait du rôle à fournir pour être dispensé de la consignation d'amende, doivent émaner du maire et du percepteur de la commune du domicile et non de la résidence momentanée du condamné. C. 10 sept. 1847. D. 47. t. 57. — L'indigence doit être attestée par le maire ; il ne suffit pas d'une déclaration reçue par ce magistrat. C. 19 mai 1853. S. 53. 1. 463. C. 30 nov. 1855. B. n. 381.

Il faut que le certificat d'indigence soit visé par le sous-préfet et *approuvé* par le préfet. C. 30 nov. 1855. B. n. 381.. C. 1er mars 1860. B. n. 63.

La loi sur l'assistance judiciaire n'a rien changé aux prescriptions de l'art. 420. C. 19 fév. 1857. B. n.

Les condamnés à l'emprisonnement ne peuvent se pourvoir sans être en état ou sans avoir été mis en liberté sous caution (art. 421 du code d'instr.). C. 18 oct. 1850. B. n. 365.

Le condamné doit se constituer dans la maison de justice du lieu où siége la cour qui a rendu l'arrêt attaqué. C. 12 fév. 1830. B. n. 44.

La demande en liberté provisoire doit être portée devant la juridiction qui a rendu l'arrêt attaqué. C. 17 juill. 1841. B. n. 213.

Pour faire admettre le pourvoi, il ne suffit pas au condamné de représenter le jugement qui lui accorde la liberté sous caution ; il faut qu'il produise la preuve que la caution a été admise ou le cautionnement versé. C. 5 avril 1846. D. 46. t. 63.

84. Exécution des jugements. Do quel jour compte la peine.

C'est le ministère public qui est exclusivement chargé de l'exécution des jugements (art. 197 et 376 du code d'instr.) ; mais s'il s'élève des incidents au sujet, soit de la nature, soit de la durée de la peine, ces incidents, présentant un caractère contentieux, doivent être portés devant les tribunaux appelés à connaître de l'action publique dont ces incidents sont l'accessoire. C. 27 juin 1845. B. n. 207.

Il appartient aux cours impériales de connaître de l'exécution de leurs arrêts et de tous les incidents qui s'y rattachent (dans l'espèce, un incident relatif au cautionnement fixé pour assurer la représentation du prévenu). C. 1er févr. 1861. B. n. 31.

Une condamnation ne peut être exécutée que du jour où elle est devenue irrévocable. C. 11 juin 1829. B. n. 121.

L'appel et le pourvoi en cassation suspendent l'exécution des jugements. Voy. art. 173 et 203 du code d'instr.

Le ministère public ne peut faire arrêter le condamné qui s'est pourvu, tant que la cour de cassation n'a pas statué. C. 14 juill. 1827. B. n. 186.

D'après l'art. 23 du code pénal, la durée des peines temporaires ne compte qu'à partir du jour où la condamnation est devenue irrévocable. C. 22 nov. 1855. B. n. 367.

L'appel ou le pourvoi du ministère public, quel qu'en soit

13

84. (Suite.)

le résultat, n'empêche pas la peine de courir à compter du jour du jugement. C. 22 nov. 1855. B. n. 367.

La durée de la peine compte à partir du jour du jugement, lorsque le condamné détenu n'a pas appelé, — ou lorsqu'ayant appelé, il a obtenu une réduction de l'emprisonnement prononcé contre lui (art. 24 du code pénal). C. 3 juill. 1847. B. n. 148. C. 22 nov. 1855. B. n. 367.

Lorsqu'après avoir appelé, le condamné se désiste, la peine ne court qu'à dater du désistement. C. 22 nov. 1855. B. n. 367.

Lorsqu'un condamné détenu a formé un recours en cassation, la peine cesse de courir jusqu'à ce qu'il ait été statué sur le pourvoi. C. 3 juill. 1847. B. n. 148.

Si, après s'être pourvu en cassation, le condamné se désiste, c'est comme s'il n'y avait pas eu de pourvoi, et l'on doit compter la peine à partir du jugement. C. 2 juill. 1852. B. n. 221.

Le condamné ne peut imputer sur la durée de l'emprisonnement la détention qui avait pour objet d'assurer son transfèrement dans la prison où la peine devait être subie. C. 17 déc. 1850. B. 423.

Si le prévenu n'existe plus lors du jugement de condamnation, sa mort ayant éteint l'action publique, la condamnation n'est pas exécutoire contre les héritiers. C. 9 déc. 1848. B. n. 317.

85. Prescription des condamnations.

Les peines portées par les arrêts ou jugements rendus en matière correctionnelle se prescrivent par 5 années révolues, à compter de la date de l'arrêt ou du jugement rendu en dernier ressort; et à l'égard des peines prononcées par les tribunaux de première instance, à compter du jour où ils ne pourront plus être attaqués par la voie de l'appel. Voyez art. 635 du code d'instr.

Un jugement correctionnel frappé d'un appel auquel il n'a pas été donné suite, ne peut être considéré que comme un acte de poursuite dont la prescription est de 3 ans, selon les art. 637 et 638 du code d'instr. C. 28 nov. 1857. B. n. 384.

Relativement à la prescription des peines prononcées pour contraventions, voyez art. 639.

Quant à la prescription des condamnations civiles, voy. art. 642.

On trouvera à la page 61 les notes concernant la prescription de l'action.

FIN.

SOMMAIRE DES CHAPITRES.

PREMIÈRE PARTIE. — DÉLITS DE CHASSE ET CONDAMNATIONS
QUI S'Y RATTACHENT.

DEUXIÈME PARTIE. — CONSTATATION DES DÉLITS DE CHASSE.

TROISIÈME PARTIE. — POURSUITE ET JUGEMENT.

ARTICLES DU CODE D'INSTRUCTION CITÉS DANS L'OUVRAGE.

Art.	Nos	Art.	Nos	Art.	Nos	Art.	Nos	Art.	Nos	Art.	Nos
2	37	135	59	187	71[1]	200	72	222	59	483	63
3	37	136	59	187	71[2]	202	73	226	62	504	67
3	59	154	56	188	71[2]	202	74	226	70[5]	510 à 517	69
16	52	155	69[5]	188	71[5]	202	75	227	70[5]	525 et s.	62
19	58	156	69[4]	189	69[8]	202	76	264	66	542	64
22	57	157	69[5]	189	69[5]	203	73	307	62	545 et s.	66
23	57	158	69[5]	190	69[5]	203	76	307	70[5]	635	85
23	62	160	64	190	68	203	77	322	69[5]	637	61
41	50	162	38	190	69	203	84	330	69[5]	637	85
43	69[6]	172 et s.	70[13]	190	70	204	76	331	69[5]	638	61
44	69[6]	173	84	190	70[10]	205	73	332	69[5]	638	85
63	59	174	70[13]	191	70[8]	206	84	333	69[5]	639	85
63	62	179	57	192	62	208	71[2]	360	57	640	81
64	59	179	62	192	70[6]	209	81	360	70[1]	642	85
66	59	180	66	192	72	209	82	365	34		
67	59	181	67	193	70[7]	210	81	373	83		
68	59	182	59	194	38	211	82[5]	376	84		
78	52	182	64	195	70[9]	212	82[8]	417	83		
79	69[5]	183	59	195	70[10]	213	82[5]	418	83		
80	69[5]	184	65	195	82[5]	214	82[6]	419	83		
113 et s.	70[12]	185	65	196	70[10]	215	82[7]	420	83		
130	64	186	71	197	84	216	83	427	64		
				199	72	217	59	479	63		

ARTICLES DU CODE PÉNAL CITÉS DANS L'OUVRAGE.

Art.	Nos	Art.	Nos	Art.	Nos	Art.	Nos	Art.	Nos	Art.	Nos
23	84	56	33	60	26	66 et s.	28	223	67	463	29
24	84	57	33	62	26	222	67	224	67	471	13
51	37	58	33	74	41			378	69[5]	479	20
55	39	59	26								

QUELQUES ARRÊTS

No 5.   Les mots *pendant la nuit,* lorsqu'ils sont employés par le législateur sans autre énonciation, comprennent tout l'intervalle de temps qui s'écoule du coucher au lever du soleil. C. 20 fév. 1862. B. n. 51.

No 9.   Celui qui veut chasser sur un domaine appartenant par indivis à plusieurs personnes, doit s'assurer du consentement de tous les propriétaires. Rouen, 21 février 1862. S. 62. 2. 468.

No 59.   Dans l'art. 67 du code d'instr. portant : « Les plaignants pourront se porter partie civile en tout état de cause jusqu'à la clôture des débats, » les mots, *en tout état de cause jusqu'à la clôture des débats,* ne doivent s'entendre en matière correctionnelle que de la cause instruite en première instance. C. 24 mai 1833. B. n. 200.

No 60.   Il n'y a pas besoin d'une autorisation pour poursuivre les agents de police ; on ne peut pas les considérer comme des agents du gouvernement. C. 23 mars 1861. B. n. 63.

No 60.   Les douaniers n'ont pas la qualité d'officiers de police judiciaire ; et lorsqu'ils commettent un délit (de chasse) dans l'exercice de leurs fonctions, ils ne sont pas justiciables des chambres civiles des cours impériales (article 483 du code d'instr.). Pour être officier de police judiciaire, il ne suffit pas de pouvoir constater des délits et contraventions, il faut relever de l'autorité judiciaire (combinez art. 9, 17, 48 à 54, 279, 280 et 281 du code d'instr.). Metz, 29 avril 1863.

No 60.   Lorsqu'un douanier est traduit devant les tribunaux pour délit de chasse, l'administration des douanes n'a pas qualité pour intervenir et prétendre que son agent ne pouvait être poursuivi sans autorisation ; le droit d'intervention ne peut découler d'un simple intérêt moral. Metz, 29 av. 1863.

No 61.   Les procès-verbaux dressés, pour le fait d'un délit, par des magistrats ou officiers ayant caractère à cet effet, sont des actes interruptifs de la prescription. C. 29 mars 1856. B. n. 129.

No 69 ⁵.   On ne doit pas considérer comme un interprète devant prêter serment, le gendarme qui, sur l'invitation du président, répète à un prévenu qui entend difficilement, tout ce que l'on dit à l'audience. C. 19 juin 1862. B. n. 151.

N° 69 ⁵.   Les agents de police appelés à déposer, ne peuvent être assimilés à des dénonciateurs récompensés par la loi, dans le sens de l'art. 322 du code d'instr. C. 18 décembre 1862. B. n. 285.

N° 69 ⁹.   Il n'y a pas nullité, si le prévenu qui n'a pas eu la parole le dernier, ne l'a pas réclamée. C. 7 nov. 1840. S. 41. 1. 84.

N° 69 ⁹.   Les tribunaux correctionnels peuvent, même d'office, ordonner la suppression d'un mémoire injurieux produit au procès (art. 23 de la loi du 17 mai 1819 et art. 1036 du code de procédure civile). C. 4 déc. 1862. B. n. 261.

N° 70 ¹.   L'étranger, poursuivi pour crimes ou délits commis en France, ne peut exciper, devant les tribunaux français, de ce qu'il a été condamné pour les mêmes faits par un tribunal étranger. C. 21 mars 1862. B. n. 90.

N° 70 ⁴.   Les infractions aux arrêtés sur la chasse ne peuvent être punies qu'autant que ces arrêtés ont été pris dans les cas formellement prévus par la loi de 1844, sauf à rechercher si l'infraction ne tombe pas sous l'application d'une autre loi. C. 4 déc. 1862. B. n. 263.

Metz, le 10 Mai 1863.

Metz, Typographie de J. VERRONNAIS.

9 782329 735528